Charles W. Leadbeater: Die Mentalwelt

W0058526

Charles W. Leadbeater

DIE MENTALWELT

WIE UNS GEDANKEN IM DIESSEITS
UND IM JENSEITS PRÄGEN

Aquamarin Verlag

Originaltitel: The Mental Plane

1. Auflage 2008
© Aquamarin Verlag
Voglherd 1 • D-85567 Grafing

Umschlaggestaltung: Annette Wagner
Satz: Sebastian Carl

Druck: Bercker • Kevelaer

ISBN 978-3-89427-482-5

Einleitung

In einem früheren Band[1] wurde der Versuch unternommen, einigermaßen die Astralwelt zu beschreiben – den niederen Teil des riesigen unsichtbaren Reiches, in dessen Mitte wir leben und uns bewegen, ohne uns dessen wirklich bewusst zu sein. Diese Abhandlung hat die noch schwierigere Aufgabe übernommen, zu versuchen, eine gewisse Vorstellung von der nächsthöheren Stufe zu geben – der Mentalwelt oder Himmelswelt, die in der theosophischen Literatur auch *Devachan* oder *Sukhavati* genannt wird.

Obgleich wir damit, dass wir diese Ebene als Himmelswelt bezeichnen, im Besonderen ausdrücken wollen, dass sie die Wirklichkeit in sich schließt, die den besten und spirituellsten Vorstellungen vom Himmel zugrunde liegt, die in verschiedenen Religionen verkündet wurden, so darf man sie doch nicht allein von diesem Gesichtspunkt aus betrachten. Sie ist ein Bereich der Natur, der von außerordentlicher Wichtigkeit für uns ist – eine weite, herrliche Welt von regem Leben, in der wir uns gegenwärtig ebenso befinden wie in den Zeiten zwischen unseren physischen Inkarnationen. Es ist nur der Mangel an Entwicklung, nur die uns von diesem Kleid aus Fleisch auferlegte Beschränkung, die

---

1 C. W. Leadbeater – Die Astralwelt, Grafing 2008

uns daran hindert zu erkennen, dass alle Herrlichkeit des höchsten Himmels uns hier und jetzt umgibt und die Einflüsse, die aus dieser Welt kommen, ständig auf uns einwirken, wenn wir sie nur verstehen und aufnehmen würden. So unmöglich dies einem weltlichen Menschen erscheinen mag, für den Sehenden ist es die klarste Wirklichkeit, und für jene, die diese grundlegende Wahrheit noch nicht erfasst haben, können wir nur den Rat wiederholen, der von einem buddhistischen Lehrer gegeben wurde: »Klage, jammere und bitte nicht, sondern öffne deine Augen und schaue! Das Licht umgibt dich von allen Seiten, wenn du nur die Binde von deinen Augen streifen und um dich blicken würdest. Es ist wundervoll, so schön, so weit erhaben über alles, was ein Mensch je erträumt oder erfleht hat, und es ist für alle Zeit.«

Es ist absolut notwendig, dass jeder, der die Theosophie studiert, die große Wahrheit erfasst, dass es in der Natur verschiedene Ebenen oder Abteilungen gibt, jede mit ihrer eigenen Materie von entsprechendem Dichtigkeitsgrad, die in jedem Fall die Materie der nächstniedrigeren Ebene durchdringt. Man muss sich auch darüber klar sein, dass die Ausdrücke »niedriger« und »höher« im Zusammenhang mit diesen Ebenen sich in keiner Weise auf ihre örtliche Lage beziehen (denn sie nehmen alle denselben Raum ein), sondern nur auf den Grad der Feinheit der Materie, aus der sie bestehen, oder (mit anderen Worten) auf das Ausmaß, in dem ihre Materie unterteilt ist – denn alle Materie, die wir kennen, ist ihrem Wesen nach dieselbe und ist nur hinsichtlich des Ausmaßes ihrer Unterteilung und der Geschwindigkeit ihrer Schwingungen verschieden.

Daraus folgt, dass auch dann, wenn man sagt, ein Mensch sei von einer dieser Ebenen zu einer anderen gegangen, damit in keiner Weise irgendeine Bewegung im Raum gemeint ist, sondern einfach eine Veränderung im Bewusstsein. Jeder Mensch hat Bewusstsein und jeder Mensch hat Materie in sich, die zu jeder dieser Ebenen gehört; und er besitzt in jeder dieser Ebenen entsprechende körperliche Träger, durch die er in ihnen wirken kann, sobald er gelernt hat, wie dies getan werden kann. Von einer Ebene in eine andere überzugehen, bedeutet also nur, den Brennpunkt seines Bewusstseins aus einem dieser Körper in einen anderen zu verlegen und zeitweilig den astralen oder mentalen Körper statt des physischen zu gebrauchen. Jeder dieser Körper reagiert natürlich nur auf die Schwingungen seiner eigenen Ebene, und während das Bewusstsein eines Menschen in seinem Astralkörper konzentriert ist, wird er nur die Astralwelt wahrnehmen, ebenso wie wir, wenn unser Bewusstsein nur die physischen Sinne benützt, nichts anderes als die physische Welt wahrnehmen – obwohl diese beiden Welten (und noch manche andere) die ganze Zeit gleichzeitig vorhanden sind und uns in voller Tätigkeit umgeben. Alle diese Ebenen bilden in Wirklichkeit ein mächtiges, lebendiges Ganzes, wenn auch unsere schwachen Kräfte vorläufig nur fähig sind, gleichzeitig jeweils nur einen sehr kleinen Teil davon zu sehen.

Wenn wir diese Frage der Ortsbestimmung und wechselseitigen Durchdringung betrachten, müssen wir uns vor möglichen Fehlauffassungen hüten. Wir müssen verstehen, dass keine der drei niederen Ebenen die gleiche Ausdehnung wie das Sonnensystem hat, ausgenommen ein besonderer Zustand der höchsten atomischen Unterabteilung derselben. Jeder physische Globus hat seine eigene physische Ebene (einschließlich ihrer Atmosphäre) und seine eigene Astral- und Mentalebene, die einander alle durchdringen und daher dieselbe Lage im Raum einnehmen, alle aber sind völlig gesondert und ohne Verbindung mit den entsprechenden Ebenen eines anderen Weltkörpers.

Dennoch gibt es einen Zustand der atomischen Materie einer jeder dieser Ebenen, der eine kosmische Ausdehnung aufweist, so dass man von den sieben atomischen Unterebenen unseres Systems, gesondert von den übrigen betrachtet, sagen kann, dass sie zusammen eine kosmische Ebene bilden – die niederste, die manchmal die kosmisch-natürliche (prakritische) genannt wird. Der interplanetarische Äther zum Beispiel, der sich durch den ganzen Raum zu erstrecken scheint, ja erstrecken muss, zumindest bis zu den entferntesten sichtbaren Sternen, denn sonst würden unsere physischen Augen sie nicht wahrnehmen können, ist aus physischen Ur-Atomen in ihrem normalen, nicht zusammengepressten Zustand zusammengesetzt. Alle niedrigeren und komplexeren Formen des Äthers gibt es aber (soweit uns bis jetzt bekannt ist) nur in Verbindung mit den verschiedenen Himmelskörpern, ebenso um sie angesammelt wie ihre Atmosphäre, nur erstrecken sie sich wahrscheinlich weiter in den Raum hinaus als die letztere.

Genau dasselbe gilt von der Astral- und Mentalebene. Die Astralebene unserer eigenen Erde durchdringt diese, ihre Atmosphäre erstreckt sich aber noch beträchtlich über unsere Atmosphäre hinaus. Es mag daran erinnert werden, dass diese Ebene von den Griechen die „sublunare Welt" genannt wurde. Die Mentalebene durchdringt ihrerseits die astrale, erstreckt sich aber wiederum noch weiter in den Raum hinaus als diese.

Nur die atomische Materie jeder dieser Ebenen hat die gleiche Ausdehnung wie der interplanetarische Äther – und selbst diese nur in vollkommen freiem Zustand – und daher kann keine Wesenheit in ihrem Astral- oder Mentalkörper sich von einem Planeten zu einem anderen bewegen, ebenso wenig wie sie dies in ihrem physischen Körper vermag. Im Kausalkörper ist dieses Unternehmen möglich, wenn er sehr hoch entwickelt ist, aber auch in diesem keineswegs mit jener Leichtigkeit und Schnelligkeit, mit denen dies von jenen, denen es gelungen ist, ihr Bewusstsein zu dieser Ebene zu erheben, auf der geistigen, buddhischen Ebene vollbracht werden kann.

Die Mentalebene, auf der das Himmelsleben zugebracht wird, ist die dritte der fünf großen Ebenen, die für die Menschheit gegenwärtig Bedeutung haben; unter ihr befinden sich die astrale

10

und die physische Ebene, über ihr die buddhische und die nirvanische. Die Mentalebene ist jene, auf welcher der Mensch, wenn er nicht noch in den ersten Stadien seiner Entwicklung steht, den größten Teil der Zeit während der Dauer seiner Evolution verweilt. Außer im Fall eines völlig unentwickelten Menschen, ist das Zeitverhältnis zwischen dem physischen und dem himmlischen Leben selten größer als eins zu zwanzig. Ist jedoch der Mensch ziemlich gut entwickelt, so ist das Verhältnis manchmal wie eins zu dreißig. Die Mentalebene ist tatsächlich die wahre und bleibende Heimat des reinkarnierenden Egos des Menschen, und jeder Abstieg in die Inkarnation ist nur eine kurze, wenn auch wichtige Episode in seiner Evolution. Deshalb ist es für uns sehr wohl der Mühe wert, schon während wir im physischen Körper weilen, möglichst viel Zeit und Aufmerksamkeit dem Studium dieser Ebene zu widmen, um ein gründliches Verständnis von derselben zu erlangen.

Unglücklicherweise haben wir bei unserem Bemühen, diese dritte Ebene mit den uns zu Gebote stehenden Worten zu beschreiben, mit unüberwindlichen Schwierigkeiten zu kämpfen. Das ist ganz natürlich; denn wir finden in unserer Sprache schon oft keine passenden Worte, um irdische Empfindungen und Ideen zum Ausdruck zu bringen. Der Leser der »Astralwelt« wird sich erinnern, dass wir bezüglich derselben schon erwähnten, wie unmöglich es sei, jemandem einen vollen Begriff von den Wundern dieser Ebene beizubringen, dessen Erfahrungen noch nicht über die physische Welt hinausragen. Wir können jetzt nur hinzufügen, dass alle dort in dieser Richtung gemachten Bemerkungen mit zehnmal größerer Stärke für die Bemühungen gelten, die wir in der vorliegenden Abhandlung unternommen haben. Nicht nur ist die Materie, die wir beschreiben wollen, deutlich unterschieden von der Astralmaterie, sondern es ist auch das Bewusstsein dieser Ebene unendlich viel ausgedehnter, als wir es uns hier auf Erden vorstellen können. Ihre Zustände sind so ganz verschieden von den unsrigen, dass der sie Erforschende, wenn er aufgefordert wird, dieselben mit gewöhnlichen Worten zu beschreiben, sich in der allergrößten Verlegenheit befindet und nur hoffen kann, dass seine Leser die unvermeidlichen Mängel und Unvollkommenheiten seiner Beschreibung durch ihre eigene Intuition ersetzen werden.

Um nur eines von den vielen Beispielen besagter Schwierigkeiten anzuführen: Es scheint uns, als existierten Raum und Zeit auf dieser mentalen Ebene nicht; denn Ereignisse, die sich hier nacheinander und an weit auseinander liegenden Orten abspielen, scheinen sich dort zu gleicher Zeit und an derselben Stelle zu ereignen. Dies ist wenigstens der Eindruck, den das Bewusstsein des Egos empfängt, wenn auch Umstände vorhanden sind, die vermuten lassen, dass absolute Gleichzeitigkeit das Attribut einer noch höheren Ebene ist und diese Empfindung in der Himmelswelt nur das Resultat einer so raschen Aufeinanderfolge der Bilder ist, dass man sie nicht voneinander zu unterscheiden vermag. Wir können uns dies an einem optischen Experiment klar machen. Wenn wir einen Stab mit glühender Spitze im Kreis herumschwingen, so empfängt das Auge den Eindruck eines ununterbrochenen Feuerkreises, sobald der Stab mehr als zehnmal in einer Sekunde rotiert. Wir sehen das aber nicht so, weil ein ununterbrochener Kreis wirklich vorhanden ist, sondern nur, weil das gewöhnliche Auge nicht imstande ist, Eindrücke zu unterscheiden, die schneller als eine Zehntelsekunde aufeinander folgen.

Wie immer dies auch sei, der Leser wird leicht verstehen, dass, wenn wir einen Zustand, der so ganz verschieden ist von allem, was im physischen Leben vorkommt, zu beschreiben versuchen, wir nicht umhin können, manches zu sagen, was zum Teil unverständlich ist und für jene, die dieses höhere Leben noch nicht selbst erfahren haben, sogar ganz und gar unglaubhaft erscheinen mag. Dies ist aber, wie ich schon früher sagte, ganz unvermeidlich, und daher müssen Leser, die den Bericht unserer Forscher nicht annehmen können, auf eine zufriedenstellendere Beschreibung warten, bis sie imstande sein werden, selbst solche Beobachtungen zu machen. Ich kann nur die schon im Abschnitt über die Astralebene gegebene Versicherung wiederholen, dass die größtmögliche Vorsorge getroffen worden ist, um die Genauigkeit der Angaben zu sichern.

Hier wie dort können wir sagen, dass: »Keine Tatsache, sei sie alt oder neu, in diese Abhandlung aufgenommen wurde, wenn sie nicht durch das Zeugnis von mindestens zwei voneinander unabhängigen, geschulten Forschern bestätigt und darüber hinaus noch von älteren Forschern als richtig erkannt wurde, deren Wissen über diese Gebiete notwendigerweise viel größer ist als das unsere. Es ist daher zu hoffen, dass dieser Bericht, wenn er auch nicht als vollständig betrachtet werden kann, doch als verlässlich befunden werden wird, so weit er reicht.«

Die allgemeine Einteilung des Werkes über die „Astralwelt" wird, so weit es geht, auch in diesem beibehalten, damit diejenigen, welche die besprochenen Zustände beider Ebenen miteinander vergleichen wollen, es nach der Reihenfolge der einzelnen Punkte tun können.

I. Allgemeine Charakteristik

Um an dieses äußerst schwierige Thema heranzugehen, wird es vielleicht die beste Methode sein, sich sofort mitten hinein zu versetzen. Wir wollen deshalb versuchen (wenn auch mangelhaft), das zu beschreiben, was der geschulte Forscher sieht, wenn die Himmelswelt sich das erste Mal vor ihm öffnet. Wenn ein Mensch nicht in einem Verhältnis zu einem „Meister der Weisheit" steht, ist wenig Wahrscheinlichkeit vorhanden, dass er mit vollem Bewusstsein in jenes herrliche Land der Seligkeit Eintritt erlangt und zur Erde mit klarer Erinnerung an das, was er gesehen hat, zurückkehrt. Von dort kommt kein gefälliger »Geist«, um wohlfeile Flachheiten durch den Mund eines berufsmäßigen Mediums zu äußern. Bis dahin gelangt kein gewöhnlicher Hellseher, obgleich einige der Besten und Reinsten Zutritt dorthin erlangten, wenn sie in tiefster Trance der Kontrolle des Hypnotiseurs entschlüpften. Doch auch sie brachten nur selten mehr als eine vage Erinnerung einer intensiven, unbeschreiblichen Glückseligkeit zurück, welche meistens stark von ihren eigenen religiösen Überzeugungen gefärbt war.

Wenn einmal die Seele nach dem Geschehnis, das wir Tod nennen, sich in sich selbst zurückgezogen und diese Ebene erreicht hat, dann können sie weder sehnsüchtige Gedanken ihrer trauernden Freunde noch die Lockungen eines spiritistischen Zirkels mehr in eine Verbindung mit der physischen Erde zurückziehen, um Mitteilungen auf derselben zu machen, ehe alle geistigen Kräfte, welche sie im Leben in Bewegung setzte, sich in vollem Maße ausgewirkt haben und sie bereit steht, eine neue fleischliche Hülle anzulegen. Selbst wenn sie vorher zur Erde zurückkehren könnte, würde der Bericht ihrer Erfahrungen keine richtige Vorstellung von jener Ebene geben; denn wie man bald sehen wird, sind nur solche, die bei vollständig wachem Bewusstsein eintreten, imstande, sich dort frei zu bewegen und die wunderbare Herrlichkeit der Himmelswelt einzuatmen. Dies wird später weiter erklärt werden, wenn wir die Bewohner dieses himmlischen Reiches näher zu beschreiben versuchen.

Eine inspirierende Erzählung

In einem Brief aus früherer Zeit wird von einem hervorragenden Esoteriker die folgende schöne Stelle zitiert. Ich bin leider nie imstande gewesen zu entdecken, woher dieses Zitat stammt; aber wir finden eine andere Version desselben, doch bedeutend ausgedehnter, in Beals »Catena buddhistischer Schriften.«

»Unser Herr, der Buddha, spricht:

Viele tausend Myriaden Weltsysteme jenseits dieser Welt liegt ein Reich der Seligkeit namens Sukhavati. Dieses Reich ist durch sieben Zaunreihen begrenzt, durch sieben Reihen großer Vorhänge und sieben Reihen hoher, wogender Bäume. Dieser heilige Aufenthalt der Arhats wird durch die Tathagatas regiert und gehört den Bodhisattvas. Dieses Reich hat sieben kostbare Seen, in deren Mitte kristallene Wasser fließen, welche sieben Eigenschaften und dennoch eine Eigenschaft und Eigentümlichkeit besitzen. Dies, o Sariputra, ist Devachan. Seine heilige Udambara-Blume schlägt in dem Schatten jeder Erde Wurzel und blüht für jeden, der sie erreichen kann. Denen, die in dieser gesegneten Region geboren werden, die die goldene Brücke überschritten und die sieben goldenen Berge erreicht haben, wird wahre Glückseligkeit zuteil. In diesem Zyklus gibt es für sie keine Trauer mehr und kein Leid.«

Obgleich diese Beschreibung durch üppige orientalische Phantasie ausgeschmückt ist, können wir darin doch einige der Hauptmerkmale finden, die auch in den Beschreibungen unserer modernen Forscher hervortreten. Die »sieben goldenen Berge« können nur die sieben Unterabteilungen der Mentalebene sein, die voneinander durch unfühlbare, aber doch tatsächlich vorhandene Grenzen getrennt sind, die sich auch wie »sieben Zaunreihen« oder wie »sieben Reihen großer Vorhänge« zeigen oder wie »sieben Reihen hoher, wogender Bäume« es auf Erden bezeichnen würden. Die »sieben Arten kristallklarer Gewässer«, von denen jedes seine besonderen Eigenschaften hat, vertreten die verschiedenen Geisteszustände mit den ihnen entsprechenden Kräften und Beschaffenheiten, während die eine allen gemeinsame Eigenschaft die ist, dass sie allen dort Lebenden die intensivste Seligkeit sichert, die zu erleben sie fähig sind. Die »Udambara-Blume« schlägt tatsächlich Wurzeln im Schatten jeder Erde; denn von jeder Welt tritt der Mensch in das ihm entsprechende Devachan ein, und eine Glückseligkeit, die zu beschreiben unsere Sprache unfähig ist, ist die Blume, die jedem blüht, der so lebt, dass er sich fähig macht, sie zu erlangen. Dann hat er »die goldene Brücke überschritten«, die über den Strom führt, der dieses Reich von der Welt des Begehrens trennt. Für ihn ist der Kampf zwischen der höheren und der niederen Natur vorüber, für ihn ist daher »keine Trauer und kein Leid mehr in diesem Zyklus«, bis der Mensch aufs Neue zur Wiederverkörperung herabsteigt und die himmlische Welt wieder eine Zeit lang verlässt.

Die Glückseligkeit der Himmelswelt

Diese Intensität der Glückseligkeit ist die Hauptvorstellung, die den Hintergrund für alle unsere weiteren Begriffe von der Himmelswelt bilden muss. Wir haben es jetzt nicht nur mit einer Welt zu tun, deren Beschaffenheit an sich das Böse und den Jammer absolut ausschließt; auch ist sie nicht nur eine Welt, in welcher jedes Geschöpf glücklich ist, sondern die Tatsachen gehen weit darüber hinaus. Sie ist eine Welt, in welcher jedes Wesen allein durch seine Gegenwart dort die höchste geistige Seligkeit genießt, die es zu genießen fähig ist – eine Welt, deren Fähigkeit, allen unseren höchsten Sehnsüchten zu genügen, nur begrenzt wird durch die eigene Kraft unseres Sehnens und Strebens.

Hier beginnen wir zum ersten Mal etwas von der wahren Natur der großen Quelle des Lebens zu erfassen. Hier erlangen wir zum ersten Mal einen fernen Blick auf das, was der LOGOS sein muss und was ER wünscht, dass wir sein sollen. Wenn die ungeheure Wirklichkeit von all dem auf unsere staunende Schau hereinbricht, dann können wir nur empfinden, dass mit dieser Kenntnis der Wahrheit das Leben für uns nie mehr wieder so aussehen kann wie zuvor. Wir können uns nur über die hoffnungslose Unangemessenheit aller Vorstellungen des weltlichen Menschen vom Glück wundern; denn wir können nicht umhin zu sehen, dass die meisten davon in absurder Weise verkehrt und unverwirklichbar sind. Der Mensch hat dem eigentlichen Ziel, das er sucht, größtenteils praktisch den Rücken zugekehrt. Aber hier existiert eine Schönheit und Wahrheit, die alles weit übersteigt, was je ein Dichter erträumte. Im Lichte ihrer alles übersteigenden Herrlichkeit erscheint jede andere Freude als blass und schwach, als unwirklich und unbefriedigend.

Wie sich dies im Einzelnen verhält, müssen wir später zu erklären versuchen. Der Punkt, den wir jetzt betonen wollen, ist der, dass dieses strahlende Gefühl, nicht nur der Abwesenheit aller Schlechtigkeit und Disharmonie, sondern der überwältigenden Gegenwart allgemeiner Freude, der erste und auffallendste Eindruck ist, der jeden beim Eintritt in die Himmelswelt erfüllt. Diese Empfindung verlässt ihn nie, solange er dort weilt, und begleitet ihn bei jeder Arbeit, die er dort verrichtet. Selbst wenn sich ihm Möglichkeiten noch höherer geistiger Erhebung zeigen, sobald er die Zustände der neuen Welt, in welcher er sich befindet, mehr und mehr erfasst, das seltsam unbeschreibliche Gefühl unsagbarer Freude im Bewusstsein des bloßen Daseins in einem solchen Reich liegt allem zugrunde, und auch die Freude über die Glückseligkeit der ihn Umgebenden ist ihm immer bewusst. Nichts auf dieser Erde ist damit zu vergleichen; es ist unmöglich, sich eine Vorstellung davon zu machen. Könnten wir uns die übersprudelnde Lebenslust der Kinderjahre mit unseren geistigen Erfahrungen verbunden denken und dies zehntausendfach vergrößern, so würden wir vielleicht den schwachen Schatten einer Vorstellung von dieser Empfindung erlangen. Doch bleibt auch ein solcher Vergleich kläglich zurück hinter dem, was alle Worte übersteigt, der außerordentlichen spirituellen Vitalität dieser himmlischen Welt.

Eine Art, in welcher diese Vitalität sich manifestiert, ist die extreme Geschwindigkeit der Schwingungen aller Teilchen und Atome dieser mentalen Materie. Uns ist in der Theorie bekannt, dass sogar hier auf der physischen Erde jedes Partikelchen der Materie, auch wenn es ein Teil des dichtesten und festesten Körpers ist, sich nicht für einen Augenblick im Zustand der Ruhe befindet. Wenn sich uns nun aber die astrale Sehkraft erschließt, bleibt diese Behauptung für uns nicht mehr eine bloße Theorie der Gelehrten, sondern sie wird ein wirkliches, immer gegenwärtiges Faktum, und wir können die Allgemeinheit des Lebens so vollkommen wahrnehmen, wie uns dies bisher unmöglich war. Unser Horizont erweitert sich, und es ist uns schon vergönnt, einzelne Blicke in die Möglichkeiten der Natur zu tun, die jenen, welche die astrale Sehkraft noch nicht besitzen, wie wilde Träume erscheinen müssen.

Wenn dies die Wirkung ist, die wir durch die Erlangung der astralen Sehkraft erzielen, indem wir sie zur Beobachtung unserer dichten physischen Natur verwenden, so kann man sich vorstellen, welches wohl die Eindrücke auf den Beobachter sein mögen, wenn er, nachdem er unsere niedere Erde verlassen und sich dem gründlichen Studium des weit intensiveren Lebens und der viel schnelleren Schwingungen der astralen Welt gewidmet hat, fühlt, dass sich ein anderer, neuer Sinn in ihm entfaltet, der seinem entzückten Blick eine neue Welt offenbart, deren Schwingungen um so viel schneller sind als die unserer physischen Ebene, wie diejenigen des Lichtes als die des Schalles. Eine Welt, worin das allgegenwärtige Leben, das unaufhörlich in ihm und um ihn pulsiert, von gänzlich anderer Art und, sozusagen, zu enorm höherer Kraft emporgehoben ist.

Eine neue Methode der Wahrnehmung

Schon der Sinn selbst, mit welchem der Forscher all dies wahrzunehmen imstande ist, ist nicht das geringste Wunder dieser himmlischen Welt. Er sieht, hört und fühlt nicht mehr durch verschiedene und beschränkte Organe, wie hier auf Erden; auch hat er nicht bloß die enorm entwickelte Seh- und Hörkraft, die ihm auf der Astralebene zu eigen war, sondern er fühlt statt dieser in sich eine neue Kraft, die gar keiner dieser Sinne ist, jedoch alle diese und andere in sich schließt. Es ist eine Kraft, die ihn in den Stand setzt, in dem Augenblick, in dem er eine Person oder einen Gegenstand vor sich hat, diese nicht nur zu sehen, zu fühlen und zu hören, sondern auch alles sofort zu wissen, was diese Person oder diesen Gegenstand innerlich und äußerlich betrifft. Dies schließt auch alle hierauf bezüglichen Ursachen, deren Wirkungen sowie auch alle daraus entstehenden Möglichkeiten ein, wenigstens insoweit, als sie sich auf diese Ebene und auf alle darunterliegenden beziehen. Er findet, dass sein Denken nicht bloß Denken, sondern auch Verstehen ist. Es herrscht bei dieser Tätigkeit des höheren Sinnes kein Zweifel, kein Zögern oder Aufschub. Wenn er an irgendeinen Ort denkt, so ist er schon dort; denkt er an einen Freund, so hat er diesen Freund vor sich. Irgendein Missverständnis kann dabei nicht mehr eintreten. Auch ist es nicht möglich, dass er durch äußere Erscheinungen getäuscht oder irregeführt werden könnte; denn jeder Gedanke des Freundes liegt auf dieser Ebene offen wie ein Buch vor seinem geistigen Blick. Ist er glücklich genug, unter seinen Freunden einen zu haben, dessen höherer Sinn entwickelt ist, so ist ihr geistiger Umgang so vollkommen, dass er alle irdischen Begriffe weit übersteigt. Für solche Freunde ist weder Entfernung noch Trennung vorhanden. Ihre Empfindungen bleiben einander nicht mehr verborgen und werden nicht mehr durch schwerfällige Worte nur halb ausgedrückt. Fragen und Antworten sind unnötig; denn die Gedankenbilder werden, sobald sie gebildet sind, sofort gelesen, und der Ideenaustausch ist ebenso schnell wie die blitzartige Bildung der Gedanken.

Alles Wissen ist dort für die danach Suchenden vorhanden, – alles Wissen, welches nicht selbst diese hohe Ebene überschreitet. Die Vergangenheit dieser Welt ist ihnen ebenso offen wie die Gegenwart; die unzerstörbaren Aufzeichnungen des Gedächtnisses der Natur stehen ihnen jederzeit zur Verfügung, und die Geschichte, die der alten Zeiten sowie die der Gegenwart, entfaltet sich nach Wunsch vor ihren Blicken. Sie sind nicht mehr der Gnade des Historikers ausgeliefert, der falsch unterrichtet sein kann und mehr oder minder parteiisch sein muss. Sie können jede Begebenheit, für die sie sich interessieren, selbst studieren und haben die absolute Gewissheit, »die Wahrheit, die ganze

Wahrheit und nichts als die Wahrheit zu sehen«. Wenn sie auf höheren Schichten dieser Ebene zu stehen vermögen, entrollt sich vor ihnen der lange Faden ihrer vergangenen Leben, sie sehen die karmischen Ursachen, die sie zu dem gemacht haben, was sie sind, sehen das künftige Karma, das noch durchgearbeitet werden muss, ehe »die lange, traurige Rechnung beglichen ist«, und sie können so mit einer Gewissheit, die keinem Irrtum unterworfen ist, den genauen Punkt erkennen, den sie in der eigenen Entwicklung einnehmen.

Auf die Frage, ob man in die Zukunft ebenso klar wie in die Vergangenheit blicken kann, muss die Antwort eine verneinende sein, denn diese Fähigkeit gehört zu einer noch höheren Ebene. Obwohl auf dieser mentalen Ebene Vorausschau in hohem Ausmaß möglich ist, ist sie doch nicht vollkommen; denn da, wo das Wollen des entwickelten Menschen in dem Gewebe des Schicksals eine Rolle spielt, kann sein mächtiger Wille neue Fäden hineinflechten und das Muster der kommenden Leben verändern. Die künftige Bahn des unterentwickelten, gewöhnlichen Menschen, der keinen eigenen Willen, welcher der Rede wert ist, hat, kann oft mit Klarheit vorausgesehen werden; wenn aber das Ego entschlossen seine Zukunft in die Hand nimmt, wird ein genaues Vorhersehen unmöglich.

Die Umgebung

Die ersten Eindrücke des Schülers, der in diese mentale Ebene mit vollem Bewusstsein eintritt, werden die unsäglicher Glückseligkeit, unbeschreiblicher Lebendigkeit und ungemein vermehrter Kraft sein und jener vollkommenen Zuversicht, die deren Folge ist. Wenn er aber seinen neuen Sinn gebraucht, um seine Umgebung zu untersuchen, was sieht er dann? Er befindet sich, wie es ihm scheint, inmitten einer ganzen Welt von stets wechselndem Licht, wechselnder Farbe und wechselnden Tönen, dergleichen er weder je geahnt noch in seinen glückseligsten Träumen gesehen hat. In der Tat, es ist wahr, dass hier unten »kein Auge es gesehen, kein Ohr gehört, kein Herz es vernommen hat«, welche Herrlichkeiten die Himmelswelt birgt. Derjenige, der sie einmal mit vollem Bewusstsein wahrgenommen hat, wird wohl nachher die Welt mit ganz anderen Augen betrachten. Diese Erfahrung ist aber so ganz und gar verschieden von allem, was wir auf der physischen Ebene kennen, dass man sich des Gefühls der Hilflosigkeit und der absoluten Unfähigkeit bewusst wird, wenn man nur daran denkt, das Erlebte in Worte kleiden zu wollen. Von vornherein muss man die Hoffnung aufgeben, so Wunderbarem gerecht zu werden; und es ist sogar unmöglich, denen, die es nicht selbst gesehen haben, auch nur annähernd einen Begriff des Gesehenen und Empfundenen zu vermitteln.

Der Mensch stelle sich vor, er sei von dem schon beschriebenen höchsten Gefühl der Glückseligkeit sowie von unendlich gesteigerter Kraft durchdrungen, schwimmend in einem Ozean von lebendigem Licht, umgeben von aller erdenklichen wechselnden Herrlichkeit in Farbe und Form, alles sich ändernd mit jeder Gedankenwelle, die er aussendet; und wie er sich bald bewusst wird, ist dies alles nur der Ausdruck seines Denkens in der Materie der Ebene und in ihrer Elementalessenz, denn diese Materie besteht genau aus derselben Art wie jene, aus der sein Verstandeskörper zusammengesetzt ist. Wenn daher die Schwingungen der Teilchen des Verstandeskörpers, die wir Gedanken nennen, in Bewegung kommen, so teilen sie sich sofort der umgebenden Mentalmaterie mit und verursachen dadurch in derselben entsprechende Vibrationen, während die Gedanken sich in der Elementalessenz mit absoluter Genauigkeit widerspiegeln. Konkrete Gedanken nehmen natürlich die Form der gedachten Gegenstände an, während abstrakte Vorstellungen sich gewöhnlich in vollkommenen und wunderschönen geometrischen Formen zeigen. Jedoch darf man dabei nicht vergessen, dass viele Gedanken, die für uns hier auf Erden wenig mehr als reine Abstraktionen sind, dort, auf jener höheren Ebene, zu konkreten Tatsachen werden.

Wir ersehen hieraus, dass jemand, der sich zeitweise ruhigen Gedanken hingeben und sich von seiner Umgebung absondern will, in der Tat in einer ihm eigenen Welt leben kann, ohne die Möglichkeit, gestört zu werden. Dazu kommt der Vorteil, dass er alle seine Vorstellungen (und voll ausgearbeitet die sich aus ihnen ergebenden Folgerungen) vollständig übersehen kann, da sie sich wie eine Art Panorama vor seinem Auge entfalten. Sollte er jedoch den Wunsch haben, die Ebene, auf der er sich befindet, zu beobachten, so ist es nötig, dass er sein Denken solange vollständig unterbricht, damit seine eigenen Gedankenbilder die beeindruckbare Materie, die ihn umgibt, nicht beeinflussen und so die Verhältnisse, soweit sie ihn betreffen, gänzlich verändern.

Diese Unterbrechung des Denkens darf nicht mit einer unbedingten Gedankenleere verwechselt werden, worauf einige Yoga-Übungen hinzielen. Bei diesen wird der Verstand zu absoluter Passivität herabgedrückt, damit er nicht durch eigenes Denken dem Eintritt irgendwelcher außerhalb liegender Einflüsse, die sich nähern könnten, einen Widerstand entgegensetzt – ein Zustand, der annähernd ein mediumistischer ist, während der Verstand im ersteren Fall voll wach und so positiv wie nur möglich ist. Er hält nur sein Denken vorübergehend in der Schwebe, um das Eindringen eines persönlichen Momentes in die Beobachtungen, die man zu machen wünscht, zu verhindern.

Wenn es dem Besucher der Mentalebene gelingt, sich in diesen Zustand zu versetzen, so findet er, obgleich er nicht mehr selbst ein Zentrum der Ausstrahlung all des wunderbaren Reichtums an Licht, Farbe, Form und Ton ist, welche ich vergeblich bemüht war zu schildern, dass dieser doch nicht aufgehört hat zu existieren, sondern im Gegenteil die Harmonien und das Funkeln jetzt sogar noch großartiger und voller erscheinen. In dem Versuch, sich dieses Phänomen zu erklären, wird es ihm nach und nach klar, dass diese ganze Pracht kein müßiges oder zufälliges Wahngebilde ist – etwa eine Art „himmlisches Nordlicht". Er findet heraus, dass alles eine Bedeutung hat, und zwar eine, die er selbst verstehen kann. Plötzlich erfasst er die Tatsache, dass das, was er mit so großem Entzücken betrachtet, nichts anderes als die wunderbare Farbenpracht der Devas ist, der Ausdruck der Gedanken oder der wechselseitigen Mitteilungen von Wesen, die auf der Leiter der Evolution weit über ihm stehen. Durch Versuche und Übung entdeckt er, dass er sich auch derselben wunderbaren Art des Ausdrucks bedienen kann, und durch diese Entdeckung nimmt er Besitz von einem weiteren großen Teil seiner Erbschaft in dieser himmlischen Welt – nämlich der Kraft, sich ihren höheren, nicht-menschlichen Bewohnern mitzuteilen und von ihnen zu lernen. Über diese werden wir später berichten.

Es dürfte klar geworden sein, warum es nicht möglich war, einen Teil dieser Schrift der landschaftlichen Szenerie der Mentalwelt zu widmen, wie wir es bei der Astralwelt taten; denn tatsächlich hat die mentale Welt keine landschaftliche Szenerie außer jener, welche jeder Einzelne sich selbst durch seine Gedanken erschafft. Es sei denn, wir ziehen die Tatsache in Betracht, dass die große Zahl der Wesen, die fortwährend vorüberschweben, selbst in den meisten Fällen einen Anblick von überirdischer Schönheit gewähren.

Doch, so schwierig es ist, die Zustände dieses höheren Lebens in Worten auszudrücken, wäre es eine noch richtigere Darlegung der Tatsachen, wenn man sagen würde, es existiere dort jede mögliche landschaftliche Szenerie; denn nichts, was man sich auf Erden an Lieblichkeit des Himmels oder des Meeres oder der Erde vorstellen kann, ist nicht auch dort in einer Fülle und Intensität, die alle Vorstellungskraft übersteigt. Von all diesem Glanz lebendiger Wirklichkeit sieht jeder Mensch aber nur das, wofür er die Kraft, es zu sehen, in sich trägt – das, worauf seine

Entwicklung während des irdischen und astralen Lebens ihn zu reagieren fähig gemacht hat.

Die großen Wellen

Wenn der Besucher dieser Ebene eine genauere Untersuchung derselben anzustellen wünscht, um zu sehen, wie sie wäre, wenn sie durch die Gedanken oder die Unterhaltung irgendwelcher ihrer Bewohner ungestört bliebe, so kann er dieses ermöglichen, indem er um sich herum eine große Schale bildet, durch welche keiner dieser Einflüsse dringen kann. Natürlich muss er dann seine eigenen Gedanken, wie vorher erwähnt, beruhigen, damit er die Zustände, welche innerhalb seiner Schale walten, untersuchen kann.

Wenn dieses Experiment mit gehöriger Vorsicht durchgeführt wird, findet er, dass das Lichtmeer zwar nicht ruhig (denn seine Partikelchen setzen ihre intensive und schnelle Bewegung fort), aber doch sozusagen homogen geworden ist. Das wunderbare Funkeln der Farben und ständige Wechseln der Formen hat aufgehört; aber jetzt sieht er eine ganz andere Reihe regelmäßiger Schwingungen, die das vorhergehende Phänomen vollständig verborgen hatte. Diese sind augenscheinlich allgemein, und keine Schale, die menschliche Kraft erzeugen kann, ist imstande, ihnen Einhalt zu gebieten oder sie abzuwenden. Sie verursachen keine Farbveränderungen und keine Gestaltung von Formen, sondern fließen mit unwiderstehlicher Regelmäßigkeit durch die ganze Materie der Ebene auswärts und wieder einwärts, wie das Aus- und Einatmen eines gewaltigen unbekannten Atems, der außerhalb unseres Wahrnehmungssinnes liegt. Es gibt verschiedene Reihen von Wellen, die sich durch die Größe und Amplitude ihrer Schwingungen klar voneinander unterscheiden lassen. Doch großartiger als diese alle entfaltet sich eine gewaltige Welle, welche der eigentliche Herzschlag des Systems zu sein scheint – eine Welle, die aus unbekannten Zentren in weit höheren Ebenen aufwallt und ihr Leben durch unsere ganze Welt ergießt, um sich dann mit ihrer gewaltigen Flut in jenes ES zurückzuziehen, woher sie kam. Sie kommt in einer langen, wellenförmigen Kurve. Sie rauscht wie das wogende Meer, und doch hört man in ihr und durch sie fort und fort einen mächtigen Gesang des Triumphes – die wahre Musik der Sphären. Der Mensch, der nur einmal diesen glorreichen Gesang der Natur vernommen hat, vergisst ihn nie mehr! Sogar hier, auf dieser trüben physischen Ebene der Illusionen, vernimmt er ihn stets als eine Art Unterton, der ihn beständig an das Licht und die Herrlichkeit des wahren Lebens dort oben erinnert.

Ist der Besucher von Herzen und im Geist rein und hat einen gewissen Grad der geistigen Entwicklung erreicht, so ist es ihm auch möglich, sein Bewusstsein mit den Schwingungen dieser wunderbaren Welle zu vereinen und seinen Geist sozusagen in derselben aufgehen zu lassen, auf dass sie ihn emporhebe zu ihrer Quelle. Es ist ihm dieses zwar möglich, aber ich sage nicht, dass es ratsam ist, wenn nicht sein Lehrer neben ihm steht, um ihn aus ihrer gewaltigen Umarmung zur rechten Zeit zurückzuziehen. Sonst würde ihre unwiderstehliche Kraft ihn vorwärts und aufwärts zu noch höheren Ebenen forttragen, deren Pracht sein Ego noch nicht zu ertragen vermöchte. Er würde das Bewusstsein verlieren, ohne jede Gewissheit, wo und wie er es wieder erlangen könnte. Es ist wahr, dass das Endziel der menschlichen Entwicklung das Erreichen der Einheit ist; aber er muss dieses Endziel mit vollem, ungetrübtem Bewusstsein erreichen, als siegreicher König, der triumphierend sein Erbe antritt. Er darf sich nicht absorbieren lassen in einem Zustand der Bewusstlosigkeit, welcher wenig besser ist als gänzliche Vernichtung.

Die niedere und die höhere Himmelswelt

Alles, was wir bisher in unserer Beschreibung anzudeuten versucht haben, bezieht sich auf die niedrigste Unterabteilung der Mentalebene; denn auch dieser Bereich der Natur hat, genauso wie die astrale und die physische Ebene, seine sieben Unterabteilungen. Die vier niedereren von diesen werden in den einschlägigen Büchern die Rupa- oder Form-Ebenen genannt; sie bilden die Welt des niederen Himmels, in welcher der Durchschnittsmensch sein langes Leben der Seligkeit zwischen einer Inkarnation und der nächsten verbringt. Die anderen drei werden die Arupa- oder die formlosen Ebenen genannt; sie bilden die Welt des höheren Himmels, in der das reinkarnierende Ego wohnt, – die wahre Heimat der menschlichen Seele. Die Bedeutung dieser Sanskrit-Ausdrücke ist, dass auf den Rupa-Ebenen jeder Gedanke sich in eine bestimmte Gestalt kleidet, während er sich auf den Arupa-Ebenen in ganz anderer Art ausdrückt, wie später erläutert werden wird. Der Unterschied zwischen diesen zwei großen Abteilungen, den Rupa- und den Arupa-Ebenen, ist sehr merklich. Er ist so groß, dass man zu jeder ganz verschiedene Träger des Bewusstseins benötigt.

Der Träger in der Welt des niederen Himmels ist der Verstandeskörper, während derjenige in der höheren Himmelswelt der Kausalkörper ist, der Träger des reinkarnierenden Egos, in welchem es während der ganzen Entwicklungsperiode von Leben zu Leben schreitet. Ein anderer, recht bedeutender Unterschied ist der, dass auf den vier niederen Abteilungen die Täuschung noch möglich ist – zwar nicht für die Wesenheit, die während des Lebens sich im vollen Bewusstsein auf ihnen befindet, aber doch für die unentwickelten Personen, die nach dem Übergang, den wir Menschen Tod nennen, dahin gelangen. Die höheren Gedanken und Bestrebungen, die sie während ihres irdischen Lebens gehegt haben, formen eine Art Schale um sie herum und bilden sozusagen eine für sie ganz subjektive Welt. In dieser Welt verbringen sie ihr Himmelsleben, in dem sie nur schwach oder gar nicht die Herrlichkeiten dieser Ebene bemerken, welche außerhalb ihrer Schale liegen. Sie glauben daher, dass das, was sie sehen, alles ist, was es dort zu sehen gibt.

Es wäre jedoch unrichtig, sich diese Gedankenwolke als eine Einschränkung vorzustellen. Ihre Aufgabe ist es, den Menschen zu befähigen, auf bestimmte Schwingungen zu antworten – nicht, ihn von anderen abzuschließen. In Wahrheit sind diese Gedanken, die den Menschen umgeben, die Kräfte, durch die er den Reichtum der Himmelswelt benützt. Die Mentalebene ist selbst eine Spiegelung des göttlichen Denkens – ein Vorratshaus von unbegrenztem Ausmaß, aus dem der Mensch, der sich des Himmels erfreut, entsprechend der Kraft der Gedanken und Bestrebungen, die er im physischen und im astralen Leben hegte, Schätze zu entnehmen vermag. In der höheren Himmelswelt besteht diese Beschränkung jedoch nicht mehr. Es ist wahr, dass auch dort viele Egos nur ein schwaches, traumhaftes Bewusstsein von allem, was sie umgibt, besitzen. Doch was sie sehen, erkennen sie richtig; denn der Gedanke nimmt nicht mehr die beschränkten Formen an, die er sich in den unteren Ebenen bildete.

Die Wirkung des Denkens

Der Geisteszustand der menschlichen Bewohner dieser verschiedenen Unterebenen wird im Einzelnen in dem betreffenden Abschnitt genauer erörtert werden; doch ist es für ein richtiges Verständnis dieser großen Abteilungen notwendig zu begreifen, wie das Denken einerseits auf den niederen und andererseits auf den höheren Ebenen wirkt. Daher ist es vielleicht der Mühe wert, einige Experimente genauer mitzuteilen, die von Geistesforschern in jenen Ebenen angestellt wurden, um diese Sachlage aufzuklären. Schon in der ersten Periode der Forschungen wurde es klar, dass auf der Mentalebene, ebenso wie auf der Astralebene, eine Elementalessenz vorhanden ist, die sich ganz entschieden von der eigentlichen Materie dieser Ebenen unterscheidet. Diese Essenz reagiert auf der Mentalebene auf die Kraft des Gedankens womöglich noch empfindlicher, als es auf der Astralebene der Fall ist. In der Himmelswelt ist alles Gedankensubstanz, und deshalb wird nicht nur die Elementalessenz, sondern auch die eigentliche Materie der Ebene selbst durch die Tätigkeit des Verstandes direkt beeinflusst. Aus diesem Grund schien es nötig, den Versuch zu unternehmen, den Unterschied zwischen beiden Einwirkungen zu erkennen. Nach verschiedenen, weniger schlüssigen Experimenten wurde eine Methode angewandt, die einen ziemlich klaren Begriff von den verschiedenen Resultaten ergab. Ein Forscher blieb auf der niedrigsten Unterabteilung und sandte von dort seine Gedankenformen aus, während andere zu der nächsthöheren Ebene hinaufstiegen, um von oben zu beobachten, was sich ereignete, wodurch sich leicht mögliche Verwechslungen vermeiden ließen.

Unter diesen Umständen wurde der Versuch gemacht, einem abwesenden Freund in einem weit entfernten Land einen liebenden, hilfreichen Gedanken zu senden. Das Ergebnis war sehr bezeichnend. Es bildete sich eine Art von vibrierendem Energiefeld in der Materie der Ebene und verbreitete sich nach allen Richtungen um den Denkenden herum, ganz ähnlich den Kreisen, die sich auf einer glatten Wasserfläche von dem Punkt aus, wo ein Stein hineingeworfen worden ist, bilden, nur mit dem Unterschied, dass sich diese Kreise nach vielen Dimensionen verbreiten, anstatt, wie im Wasser, nur auf der Oberfläche desselben. Diese Vibrationen verloren (gerade wie diejenigen auf der physischen Ebene, nur viel langsamer) ihre Intensität in dem Maße, wie sie sich von ihrem Ursprung entfernten, bis sie sich endlich in enormer Entfernung erschöpft zu haben schienen oder doch so schwach geworden waren, dass man sie nicht mehr wahrnahm. Auf der Mentalebene ist somit jedes Wesen ein Zentrum ausstrahlender Gedanken, und demnach kreuzen sich alle diese Ausstrahlungen nach allen Richtungen, ohne aufeinander im Geringsten hemmend einzuwirken, ebenso wie die Lichtstrahlen hier unten. Dieses sich ausdehnende Energiefeld leuchtete in verschiedenen Farben und schimmerte opalisierend. Die Farben wurden aber mit ihrer weiteren Ausbreitung immer schwächer.

Die Wirkung auf die Mentalessenz der Ebene war nun aber eine ganz andere. In dieser verursachte der ausgesandte Gedanke sofort das Entstehen einer ganz bestimmten Form, der menschlichen Gestalt ähnlich, doch nur in einer Farbe, wenn auch in verschiedenen Schattierungen dieser Farbe spielend. Diese Form bewegte sich blitzartig über den Ozean hinüber, dem Freund zu, an den der freundliche Wunsch gerichtet war, nahm dort Elementalessenz der Astralebene an sich und wurde so zu einem gewöhnlichen künstlichen Elemental dieser Ebene, auf eine Gelegenheit wartend (wie man es in der Abhandlung über die „Astralwelt" erklärt findet), seinen hilfreichen Einfluss über den Freund auszugießen. Dadurch, dass es die Astralform annahm, verlor das mentale Elemental viel von seiner Leuchtkraft, obgleich seine glühende Rosenfärbung innerhalb der Schale der niederen Materie, mit der es sich umhüllt hatte, noch deutlich sichtbar war. Dies zeigt, dass ebenso wie der ursprüngliche Gedanke die Elementalessenz seiner eigenen Ebene beseelte, derselbe Gedanke, verbunden mit seiner Form als mentales Element, als Seele für das astrale Element wirkt. Er befolgte somit dieselbe Methode, deren sich der höchste Geist selbst bedient, der Hülle auf Hülle annimmt, wenn er durch die verschiedenen Ebenen und Unterebenen der Materie hinabsteigt.

Weitere Experimente dieser Art ergaben, dass die Farbe des Elementals sich je nach dem Charakter des Gedankens ändert.

Wie oben angemerkt, brachte der Gedanke starker Liebe ein Wesen von glühender Rosenfarbe hervor. Ein intensiver Wunsch zu heilen, der einem kranken Freund zugesandt wurde, rief ein sehr liebliches silber-weißes Elemental hervor, während eine ernste geistige Anstrengung, die Gedanken eines bedrückten und verzweifelten Menschen zu kräftigen und zu beruhigen, einen schön funkelnden goldgelben Boten aussandte.

Hieraus ist zu ersehen, dass außer dem Auftreten strahlender Farben und Schwingungen der Materie der Ebene auch eine bestimmte Kraft in der Gestalt eines Elementals der Person zugesandt wurde, auf welche der Gedanke gerichtet war. Dies geschah stets so, jedoch mit einer bemerkenswerten Ausnahme. Einer der Forscher sandte, während er sich auf einer der niederen Unterebenen befand, einen Gedanken der Liebe und Hingabe dem Adepten zu, der sein geistiger Lehrer war, und die Beobachter bemerkten sofort, dass das Ergebnis in gewissem Sinn das Gegenteil von dem Vorhergehenden war.

Wir müssen hier anmerken, dass ein Schüler irgendeines der großen Adepten immer mit seinem Lehrer durch einen dauernden Strom von Gedanken und Beeinflussung verbunden ist, der sich auf der Mentalebene als ein großer Strahl oder Strom blendendsten Lichtes, das in allen Farben spielt, kundgibt (violett, gold, blau usw.), und man hätte vielleicht erwarten dürfen, dass der ernste, liebende Gedanke des Schülers eine besondere Schwingung entlang dieser Linie ausgesandt hätte. Doch stattdessen war das Resultat, dass die Farben des Strahles plötzlich intensiver wurden und sich ein deutlicher Strom von spirituellem Einfluss auf den Schüler ergoss. Wir sehen hieraus, dass immer dann, wenn ein Schüler seine Gedanken auf seinen Lehrer richtet, er dadurch einen Weg für ein zusätzliches Ausströmen von Kraft und Hilfe aus den höheren Ebenen für sich selbst eröffnet. Es scheint, dass der Adept sozusagen von schützenden und kräftigenden Einflüssen so gesättigt ist, dass jeder Gedanke, der einen Verbindungskanal zu ihm in größere Tätigkeit versetzt, ihm keinen neuen Strom zusendet, wie es sonst der Fall sein würde, sondern nur eine größere Öffnung schafft, durch die das große Meer seiner Liebe sich ergießen kann.

Auf den Arupa-Ebenen ist der Unterschied der Gedankenwirkung, vor allem wenn er die Elementalessenz betrifft, ganz auffallend. Die Bewegung, die in der Materie dieser Ebene hervorgerufen wird, ist ähnlich, wenn auch in dieser feineren Art der Materie viel stärker; aber in der Essenz wird überhaupt keine Form erschaffen, und die Art der Wirkung ist eine ganz andere.

Bei allen Experimenten auf den niederen Ebenen fanden wir, dass das hervorgerufene Elemental um die Person, an die man dachte, herumschwebte und eine günstige Gelegenheit abwartete, um seine Energie auf deren Mental-, Astral- oder physischen Körper zu übertragen. Hier ist das Ergebnis eine Art Blitzstrahl der Essenz aus dem Kausalkörper des Denkenden direkt auf den Kausalkörper des Empfängers, so dass der Gedanke, der auf jenen niederen Abteilungen immer nur auf die Persönlichkeit gerichtet ist, hier das reinkarnierende Ego beeinflusst, den wirklichen Menschen selbst. Wenn unsere Botschaft sich irgendwie auf die Persönlichkeit bezieht, wird sie diese nur von oben erreichen, und zwar durch die Vermittlung des Kausalkörpers.

Gedankenformen

Natürlich sind die Gedanken, die man auf dieser Ebene erblickt, nicht alle auf irgendeine Person gerichtet; viele werden nur sozusagen aufgeworfen, um vage umherzuirren, und die Verschiedenheit ihrer Form und Farbe ist unendlich, so dass ihr Studium eine interessante Wissenschaft für sich bildet. Eine genaue Beschreibung auch nur ihrer hauptsächlichsten Arten würde viel mehr Raum beanspruchen, als wir ihnen hier opfern können;

doch kann wenigstens eine Vorstellung von den Grundprinzipien, auf die eine solche Klassifikation aufgebaut werden könnte, durch folgende Auszüge gegeben werden. In einem Artikel über diesen Gegenstand in der Zeitschrift »Lucifer« erklärt Annie Besant die drei großen Prinzipien, welche der Erzeugung von Gedankenformen durch die Betätigung des Verstandes zugrunde liegen, so, dass

a) die Qualität des Gedankens seine Farbe bestimmt,

b) der Inhalt des Gedankens seine Form bedingt,

c) die Bestimmtheit des Gedankens die Deutlichkeit seiner Umrisse beeinflusst.

Indem sie dann Beispiele angibt, wie die Farbe erzeugt wird, fährt sie fort: »Wenn der astrale und mentale Körper unter dem Einfluss geistiger Hingebung vibrieren, ist die Aura mit mehr oder weniger intensivem Blau gefärbt. Sie ist schön und rein, je nach der Tiefe, Reinheit und Erhabenheit des Gefühls. In einer Kirche kann man solche Gedankenformen, mit zumeist nicht sehr bestimmten Umrissen, wie eine wogende Masse blauer Wolken sich erheben sehen. Sehr oft wird die Farbe durch Beimischung eigennütziger Gefühle getrübt, es wird dann das Blau mit Braun untermischt, und es verliert dadurch seine Reinheit. Doch der hingebungsvolle Gedanke eines selbstlosen Herzens ist wunderschön in seiner Farbe, ähnlich dem tiefen Blau eines Sommerhimmels. Durch solche blauen Wolken scheinen oft goldene Sterne von großer Leuchtkraft, die wie ein Funkenregen aufwärts sprühen. Zorn verursacht Rot in allen Schattierungen, von Ziegelrot bis zum leuchtendsten Scharlachrot. Brutaler Zorn zeigt sich wie ein Aufflammen von schmutzigem Rot aus dunkelbraunen Wolken, während »edle Entrüstung« lebhaftes Scharlach zeigt, durchaus nicht unschön in der Farbe, obgleich es den Beschauer unangenehm berührt. Zuneigung und Liebe verursachen Wolken rosiger Farbe, aber von trübem Karmin durchzogen, wenn die Liebe von sinnlicher Natur ist, mit Braun-Rot vermengt, wenn sie egoistisch, oder mit trübem Grün, wenn sie eifersüchtig geprägt ist. Endlich zeigt sich die schönste rosenrote Farbe, wie das frühe Morgenrot, wenn die Liebe von egoistischen Elementen gereinigt ist und sich in weiteren und immer weiteren Kreisen von hochherziger, unpersönlicher Güte und Mitgefühl für alle, die dessen bedürfen, ausbreitet. Intellektuelle Vorstellungen rufen gelbe Gedankenformen hervor, und die reine Vernunft, auf das Spirituelle gerichtet, bewirkt ein sehr schönes zartes Gelb. Ist sie aber auf egoistische Zwecke gerichtet und mit Ehrgeiz gepaart, so ruft sie tiefere Töne von klarem und intensivem Orange hervor.« (Lucifer, Bd. XIX, S. 71).

Es darf jedoch nicht vergessen werden, dass im Vorstehenden sowohl astrale als auch mentale Gedankenformen beschrieben sind, und einige der erwähnten Empfindungen brauchen sowohl Materie der niederen Ebene als auch Materie der höheren Ebene, um zum Ausdruck kommen zu können. Es werden dann einige Beispiele von blumen- und muschelähnlichen Formen gegeben, die unsere edlen höheren Gedanken zuweilen annehmen; auch wird besonders auf den nicht seltenen Fall aufmerksam gemacht, dass der Gedanke menschliche Gestalt annimmt, was leicht mit Spukerscheinungen verwechselt werden kann.

»Eine Gedankenform kann die Gestalt ihres Erzeugers annehmen, wenn er energisch wünscht, sich an einem bestimmten Ort zu zeigen und gesehen zu werden. Ein Hellseher, der an dem Ort anwesend wäre, würde das, was er sieht, wohl irrtümlicherweise für seinen Freund im Astralkörper halten. Solche Gedankenformen können Mitteilungen übertragen, wenn dies beabsichtigt wird, indem sie in dem Astralkörper des Empfängers Vibrationen hervorrufen, welche ihren eigenen ähnlich sind. Wenn nun diese vom Astralkörper auf das Gehirn übertragen werden, werden sie dort in die entsprechenden Gedanken umgesetzt. Auch kann eine solche Gedankenform Schwingungen übermitteln, die ihr aufgeprägt werden.«

Die Unterebenen

Wenn die Frage gestellt wird, was nun eigentlich der Unterschied zwischen der Materie der verschiedenen Unterebenen der Mentalebene ist, so ist es nicht leicht, hierauf Antwort zu geben, außer in sehr allgemeiner Form. Man verbraucht schon seinen ganzen Vorrat an Eigenschaftsworten bei dem fruchtlosen Bemühen, auch nur die unterste Ebene einigermaßen zu schildern; woher sollen dann die Worte zur Beschreibung der höheren Ebenen kommen? Was kann man in der Tat darüber mehr sagen, als dass, je höher wir aufwärts steigen, die Materie um so feiner, die Harmonie voller und das Licht lebendiger und durchsichtiger werden. Die Klänge enthalten mehr Obertöne, die Farben mehr Übergangsnuancen. Je höher wir aufwärts steigen, desto mehr neue Farben und Abstufungen zeigen sich uns, die unserem physischen Auge ganz unbekannt sind. Man hat poetisch, aber mit Recht gesagt, dass das Licht der niedereren Ebene auf der nächsthöheren Finsternis sei. Vielleicht können wir uns hiervon einen besseren Begriff machen, wenn wir von oben, anstatt von unten anfangen und uns klar zu machen trachten, dass auf der höchsten der Unterebenen die dazu gehörige Materie von einer Energie beseelt und belebt wird, die auch dort noch wie ein Licht von oben herabströmt, von einer Ebene, die gänzlich jenseits der mentalen Ebene liegt. Begeben wir uns dann hinunter in die zweite Unterabteilung, so finden wir, dass die Materie der ersten Unterabteilung die Energie dieser zweiten geworden ist; oder, um genauer zu sprechen, dass die ursprüngliche Energie zusammen mit der Hülle aus Materie der ersten Unterebene, mit welcher sie sich bekleidet hat, noch immer die Energie ist, welche die Materie dieser zweiten Unterebene belebt. So verhält es sich auch mit der dritten Unterabteilung. Wir finden dort, dass die ursprüngliche Energie sich doppelt eingehüllt hat, so dass, wenn wir zur siebten Unterabteilung gelangen, wir die ursprüngliche Energie sechsmal umhüllt und verschleiert und deshalb auch um ebenso viel schwächer und weniger wirkungskräftig sehen. Dieser Vorgang ist analog der Verschleierung von Atman, dem Urgeist, wenn dieser als monadische Essenz herabsteigt, um die Materie der Ebenen des Kosmos zu beleben; und da dieser Prozess oft in der Natur vorkommt, wird es dem Leser viel Mühe ersparen, wenn er sich mit diesem Gedanken vertraut zu machen sucht. (Vgl. Annie Besant, »Die Uralte Weisheit«)

Die Aufzeichnungen der Vergangenheit

Wenn wir von der allgemeinen Charakteristik der Ebene reden, dürfen wir auch den immer gegenwärtigen Hintergrund nicht unerwähnt lassen, der durch die Aufzeichnungen der Vergangenheit gebildet wird – das Gedächtnis der Natur, die einzig zuverlässige Geschichte der Welt. Wenn auch das, was wir auf dieser Ebene sehen, noch nicht die absolute Aufzeichnung selbst, sondern nur die Spiegelung von etwas Höherem ist, so ist sie jedenfalls klar, genau und lückenlos. Sie unterscheidet sich dadurch von den unzusammenhängenden und unregelmäßigen Manifestationen, welche die Astralwelt davon aufzuweisen hat. Nur wenn ein Hellseher auch die Gabe hat, in die Mentalebene zu schauen, sind seine Bilder von der Vergangenheit zuverlässig. Doch selbst dann müssen wir, wenn er nicht die Kraft besitzt, mit klarem und vollem Bewusstsein von jener Ebene in die physische zurückzukehren, stets mit Irrtümern in seiner Erinnerung dessen, was er gesehen hat, rechnen.

Der Schüler, dem es gelungen ist, die in ihm schlummernden Kräfte so weit zu entwickeln, dass er sich seines zu dieser mentalen Ebene gehörenden Sinnes bedienen kann, während er noch im physischen Körper weilt, sieht ein Feld geschichtlicher Forschung von hinreißender Faszination vor sich. Er kann nicht nur nach Belieben die ganze Geschichte, mit welcher wir bekannt sind, überschauen und dabei viele Fehler und Missverständnisse korrigieren, die sich in unsere Überlieferungen eingeschlichen haben, sondern er kann auch die ganze Weltentwicklung von deren Uranfängen durchlaufen und die langsame Ausbildung der menschlichen Intelligenz beobachten, die Herabkunft der »Herren der Flamme« sowie das Wachsen der großartigen Zivilisationen, welche sie gründeten. Sein Studium ist aber nicht auf den Fortschritt des Menschengeschlechtes allein beschränkt. Er hat auch, wie in einem Museum, die interessanten und sonderbaren Tier- und Pflanzenformen vor sich, die sich auf der Bühne der noch jungen Welt in vergangener Zeit bewegten; und er kann all die wunderbaren geologischen Veränderungen, so, wie sie stattgefunden haben, wahrnehmen und dem Verlauf der großen Kataklysmen folgen, welche die ganze Erdoberfläche wiederholt umgestaltet haben.

Zahlreich und mannigfaltig sind die Möglichkeiten, welche sich ihm durch diese Aufzeichnungen eröffnen. Sie sind so zahlreich und so mannigfaltig, dass die Mentalebene, selbst wenn dies ihr einziger Vorzug wäre, an Interesse alle niederen Welten überragen würde. Wenn wir aber zu diesem allen noch die vermehrten Gelegenheiten hinzufügen, durch ihre neuen und weiteren Möglichkeiten Wissen zu erlangen – das Privileg ungehinderten direkten Verkehrs, nicht nur mit dem großen Deva-Reich, sondern auch mit den Meistern der Weisheit selbst – ferner auch die Ruhe und Erholung von den Sorgen und Mühen des physischen Lebens, welche dort durch den Genuss höchster unwandelbarer Glückseligkeit geboten werden, sowie vor allem die enorm gesteigerte Fähigkeit des ausgebildeten Schülers, seinen Mitmenschen zu dienen – dann werden wir anfangen zu ahnen, was ein Schüler zu erreichen vermag, wenn ihm das Recht zuteil wird, nach Wunsch und mit vollem Bewusstsein in diesem lichten Bereich der Himmelswelt sein Erbe anzutreten.

II. Die Bewohner

Wenn wir versuchen, die Bewohner der Mentalebene zu beschreiben, so wird es wohl am besten sein, sie in drei große Klassen – die menschlichen, die nicht-menschlichen und die künstlichen – einzuteilen, wie dies auch in der Abhandlung über die „Astralwelt" vorgenommen wurde, obgleich die Unterabteilungen hier natürlich weniger zahlreich sein werden als dort, da die Erzeugnisse der bösen Leidenschaften der Menschen, die sich dort so stark geltend machten, hier keinen Raum finden.

Menschliche Bewohner

So wie bei den menschlichen Bewohnern der Astralwelt, ist es auch bei denen der Mentalwelt ratsam, sie in zwei Klassen einzuteilen, nämlich in solche, die einen physischen Körper besitzen, und in solche, die denselben nicht haben – oder in Lebende und *Tote*, wie man gewöhnlich sehr irrtümlich letztere nennt. Selbst wenig Erfahrung auf den höheren Ebenen genügt schon, um die Vorstellung des Forschers von der mit dem Tod vorgehenden Veränderung von Grund aus umzugestalten. Es wird dem Forscher sofort klar, wenn sich sein Bewusstsein für die Astralebene öffnet und noch mehr für die Mentalebene, dass die Fülle des wahren Lebens etwas ist, was hier unten gar nicht begriffen werden kann. Wenn wir diese Erde verlassen, treten wir in das wahre Leben hinein und nicht aus demselben heraus. Wir haben in unserer Sprache kein passendes, genau zutreffendes Wort, um die Zustände in den verschiedenen Welten zu unterscheiden. Der *verkörperte* und der *entkörperte* Zustand wird vielleicht die am wenigsten irreführende unter den verschiedenen möglichen Bezeichnungen sein.

Die Verkörperten

Die menschlichen Wesen, die noch ihren physischen Körper tragen, aber schon mit vollem Bewusstsein und in voller Tätigkeit sich auf dieser Ebene bewegen, sind immer Adepten oder deren eingeweihte Schüler; denn bevor ein Schüler von seinem Meister nicht gelernt hat, wie er seinen Mentalkörper benützen kann, wird es ihm unmöglich sein, sich selbst in ihren niedrigeren Schichten frei zu bewegen. Sich mit Bewusstsein während des physischen Lebens auf den höheren Unterebenen zu bewegen, beweist einen noch größeren Fortschritt; denn es bedeutet die Vereinigung des niederen mit dem höheren Menschen, so dass er schon im Erdenleben nicht mehr nur eine Persönlichkeit, die von der höheren Individualität mehr oder weniger beeinflusst wird, sondern diese Individualität selbst ist, zwar gebunden und eingeengt durch den Körper, doch mit dem inneren Besitz der Kraft und des Wissens eines hoch entwickelten Egos.

Als außerordentlich schöne Gestalten erscheinen diese Adepten und Eingeweihten dem, dessen Auge sie zu sehen gelernt hat, als herrliche Kugelgestalten, strahlend von Licht und Farbe, die alle bösen Einflüsse vertreiben, wohin sie sich auch wenden. Auf alle, die sich ihnen nähern, wie der Sonnenschein auf Blumen wirkend, um sich herum ein Gefühl der Ruhe und Zufriedenheit verbreitend, das auch solche, die sie nicht erblicken, oft empfinden. In dieser himmlischen Welt vollbringen sie viele von ihren wichtigsten Leistungen, besonders aber auf den höheren Ebenen, von wo aus sie unmittelbarer auf die Individuen einwirken können. Von hier aus setzen sie mit ihren höchst entwickelten geistigen Fähigkeiten in der Gedankenwelt wohltuende Kräfte in Bewegung; von hier aus lassen sie erhabene spirituelle Einflüsse auf die Welt des Denkens ausströmen und geben den Anstoß zu wohltätigen Bewegungen aller Art. Von hier aus wird viel von der geistigen Kraft verteilt, die durch die glorreiche Selbstaufopferung der Nirmanakayas ausgegossen wird. Hier werden die Schüler unterrichtet, die genügend weit fortgeschritten sind, um auf diese Art Lehren empfangen zu können, da der Unterricht hier viel leichter und gründlicher erteilt werden kann als auf der Astralebene. Neben dieser Tätigkeit haben sie noch ein weites Feld der Arbeit unter jenen, die wir die *Toten* nennen; doch werden wir hierüber an einer anderen Stelle ausführlicher sprechen.

Wir finden mit Befriedigung, dass eine Klasse von Bewohnern, die sich auf der Astralebene unserer Aufmerksamkeit aufdrängten, auf dieser Ebene nicht zugegen sind; denn in einer Welt, die sich durch Uneigennützigkeit und Spiritualität auszeichnet, finden die schwarzen Magier und ihre Schüler keine Stätte, da der Grundcharakter dieser dunklen Schulen im Eigennutz besteht und ihr Studium der okkulten Kräfte gänzlich persönlichen Zwecken dient. Trotzdem kann in vielen solchen Magiern der Intellekt sehr hoch entwickelt sein, und deshalb ist in gewissen Richtungen die Materie ihres Verstandeskörpers sehr tätig und sensitiv; doch ist auf alle Fälle persönliches Begehren irgendwelcher Art damit verbunden, und dieses kann daher nur durch jenen niederen Teil des Mentalkörpers Ausdruck finden, der beinahe unentwirrbar in Astralmaterie verstrickt ist. Als notwendige Folge dieser Beschränkung sind ihre Tätigkeiten auf die astrale und physische Ebene begrenzt. Ein Mensch, dessen ganze Lebensrichtung böse und selbstsüchtig ist, mag wohl Perioden rein abstrakten Denkens haben, während welcher er den Verstandeskörper benützen kann, wenn er gelernt hat, wie dies zu tun ist; aber in dem Augenblick, in dem sich ein persönliches Element hineinmischt und er sich bemüht, als Ergebnis etwa Böses zu erzielen, ist der Gedanke nicht mehr abstrakt, und der Mensch arbeitet wieder mit der ihm vertrauten astralen Materie. Man könnte sagen, dass ein Schwarzmagier auf der Mentalebene nur wirken kann, wenn er während dieser Zeit vergisst, dass er ein Schwarzmagier ist. Aber selbst während eines solchen Zeitraumes könnte er nur Menschen sichtbar werden, die bewusst auf dieser Ebene arbeiten – keinesfalls aber jenen, die sich nach ihrem Tode in dieser Region der himmlischen Ruhe erfreuen, da jeder von diesen so völlig innerhalb der Welt seiner eigenen Gedanken abgeschlossen ist, dass nichts von außerhalb auf ihn einwirken kann. Er ist daher absolut sicher. Somit ist die traditionelle Beschreibung durchaus gerechtfertigt, wonach »die Himmelswelt ein Ort ist, wo die Bösen aufhören, uns zu quälen, und die Müden Ruhe finden«.

In Schlaf oder in Trance

Wenn wir die verkörperten Bewohner der Mentalebene betrachten, erhebt sich naturgemäß die Frage, ob gewöhnliche Menschen während des Schlafes oder psychisch entwickelte Personen im Trance-Zustand je zu dieser Ebene durchdringen können. In beiden Fällen muss die Antwort lauten, dass ein solches Geschehnis zwar möglich, aber äußerst selten ist. Reinheit des Lebens und der Bestrebungen würde eine absolute Voraussetzung sein, und selbst wenn solche Menschen auf diese Ebene gelangten, könnten sie dort nicht wirkliches Bewusstsein haben, sondern nur die Fähigkeit, bestimmte Eindrücke zu erhalten.

Als Beispiel kann ein Geschehnis berichtet werden, das in Verbindung mit Experimenten eintrat, die in der Londoner Gruppe der Theosophischen Gesellschaft gemacht wurden. Den Versuchspersonen wurde dabei das Gedankenbild einer lieblichen tropischen Landschaft gezeigt, um das Ausmaß zu erproben, bis zu welchem sie sich nach dem Erwachen daran erinnern könnten. Eine dieser Personen hatte einen sehr reinen Charakter und eine beträchtliche, wenn auch ungeschulte psychische Veranlagung. Die Wirkung des dieser Person gezeigten Gedankenbildes war überraschend. Ihr Gefühl ehrfürchtiger Freude war so intensiv und die durch die Betrachtung der herrlichen Landschaft hervorgerufenen Gedanken waren so erhaben und spirituell, dass das Bewusstsein der Schlafenden gänzlich in den Mentalkörper überging oder, um es anders auszudrücken, sich zur Mentalebene erhob. Man darf jedoch nicht annehmen, dass sie dadurch ihrer Umgebung und der Zustände auf dieser Ebene bewusst wurde; sie befand sich einfach in diesem Zustand des Durchschnittsmenschen, der nach dem Tod in diese Ebene gelangt. Sie schwamm wohl in einem Meer von Farbe und Licht, war aber trotzdem völlig von ihren eigenen Gedanken absorbiert und keiner anderen Eindrücke bewusst – sie verweilte in der ekstatischen Betrachtung der Landschaft und alles dessen, was man ihr gezeigt hatte, aber sie betrachtete sie mit dem schärferen Blick, der vollkommeneren Würdigung und verstärkten Denkfähigkeit, die der Mentalebene eigen ist, dabei die ganze Zeit jene Seligkeit genießend, von der schon so viel gesagt worden ist. Die Schlafende blieb mehrere Stunden in diesem Zustand, offensichtlich ohne jegliches Bewusstsein des Zeitverlaufs, und erwachte schließlich mit einem Gefühl tiefen Friedens und innerer Freude, für die sie keine Begründung wusste, da sie keine Erinnerung an das, was geschehen war, mitbrachte. Zweifellos aber wirkt eine solche Erfahrung, ob man sich nun im physischen Körper ihrer erinnert oder nicht, als ein entschiedener Impuls für die spirituelle Entwicklung des betreffenden Egos.

Wenn man auch mangels einer genügenden Anzahl solcher Versuche Behauptungen nur mit Vorsicht aufstellen darf, so scheint es doch als nahezu sicher, dass ein Ergebnis wie das gerade beschriebene nur bei einem Menschen möglich ist, der schon ein gewisses Maß an psychischer Entwicklung aufweist, und die gleiche Voraussetzung ist mit noch größerer Bestimmtheit erforderlich, wenn eine hypnotisierte Person im Trance-Zustand diese Ebene erreichen soll. Das ist so sicher, dass wahrscheinlich nicht einer unter tausend Hellsehenden dies erreichen kann. In jenen seltenen Fällen, in denen dies geschieht, muss der Hellsehende, wie schon bemerkt, nicht nur eine außergewöhnliche Entwicklung, sondern auch vollkommene Reinheit des Lebens und der Zielsetzung aufweisen; und selbst wenn alle diese ungewöhnlichen Voraussetzungen vorhanden sein sollten, bleibt immer noch die Schwierigkeit bestehen, der sich jeder ungeschulte psychisch Veranlagte stets gegenübergestellt findet – nämlich die, das Geschaute richtig und genau aus der höheren Ebene in die niedere zu übertragen. Alle diese Erwägungen bekräftigen nur die schon oft gegebene Erklärung, dass eine sorgfältige Schulung psychisch veranlagter Personen durch einen qualifizierten Lehrer notwendig ist, ehe man ihren Berichten über das Geschaute viel Gewicht beilegen kann.

Die Entkörperten

Bevor wir den Zustand der verschiedenen entkörperten Wesenheiten auf den verschiedenen Unterabteilungen der Mentalebene betrachten können, müssen wir uns klar den schon erwähnten Unterschied zwischen den Rupa- und Arupa-Ebenen vor Augen halten. Auf den ersteren lebt der Mensch ganz in der Welt seiner eigenen Gedanken und identifiziert sich dabei noch völlig mit seiner Persönlichkeit in dem von ihm kürzlich verlassenen Leben; auf den letzteren ist er nur die reinkarnierende Seele, das Ego, das (sofern es auf dieser Ebene schon genügend Bewusstsein entwickelt hat, um überhaupt etwas zu erkennen) zumindest in gewissem Ausmaß die Entwicklung, in der es sich befindet, und die Arbeit, die es vollbringen soll, begreift.

Man muss dabei beachten, dass jeder Mensch zwischen Tod und Wiedergeburt diese beiden Stadien durchschreitet, obwohl die unentwickelte Mehrzahl vorläufig in beiden noch so wenig Bewusstsein besitzt, dass man richtiger sagen sollte, sie *durchträumen* sie. Dennoch muss jedes menschliche Wesen die höheren Schichten der Mentalebene berühren, ehe seine Wiederverkörperung erfolgen kann. In dem Maß, in dem seine Entwicklung fortschreitet, wird diese Berührung für ihn bestimmter und wirklicher. Er wird im Verlaufe seines Fortschrittes dort nicht nur immer bewusster, sondern auch die Zeit, die er in dieser Welt der Wirklichkeit verbringt, wird länger; denn sein Bewusstsein erhebt sich langsam durch die verschiedenen Ebenen des Systems aufwärts.

Der primitive Mensch hat beispielsweise verhältnismäßig wenig Bewusstsein auf irgendeiner anderen Ebene als auf der physischen, und zwar sowohl während seines irdischen Lebens als auch auf der niederastralen nach dem Tod. Dasselbe kann auch selbst in unserer Zeit noch von den ganz unentwickelten Menschen gesagt werden. Eine etwas fortgeschrittenere Person beginnt, eine kurze Periode in der Himmelswelt zu erleben (natürlich auf dessen niedrigeren Ebenen), verbringt aber noch den bei weitem größeren Teil der Zeit zwischen ihren Inkarnationen auf der Astralebene. In dem Maße, in dem der Mensch fortschreitet, wird sein Astralleben kürzer und sein Himmelsleben länger, bis er schließlich, sobald er ein spirituell gesinnter Mensch geworden ist, durch die Astralebene, fast ohne darin zu verweilen, hindurchschreitet und sich eines langen und glücklichen Aufenthaltes in den verfeinerten Bereichen der niedermentalen Ebenen erfreut. Zu dieser Zeit ist jedoch auch das Bewusstsein des wahren Egos auf seiner höheren Ebene in beträchtlichem Maße erwacht, und daher besteht sein bewusstes Leben auf der Mentalebene aus zwei Teilen, wobei der spätere, kürzere Zeitabschnitt im Kausalkörper auf den höheren Unterebenen zugebracht wird.

Der oben beschriebene Vorgang wiederholt sich, das Leben auf den niedrigeren Ebenen wird allmählich kürzer, während das höhere Leben länger und erfüllter wird, bis schließlich die Zeit kommt, in der das Bewusstsein geeint ist. Das höhere und das niedere Selbst sind dann unauflöslich verbunden, und der Mensch kann sich nicht mehr in seine eigene Gedankenwolke einhüllen und das Wenige, das er durch sie wahrnehmen kann, irrtümlich für die große Himmelswelt halten. Er ist sich nun über die wahren Möglichkeiten seines Lebens im Klaren und beginnt zum ersten Mal, wirklich zu leben. Aber zu dem Zeitpunkt, in dem er diese Höhen erreicht, hat er schon den Pfad betreten und seinen künftigen Fortschritt endgültig selbst in die Hand genommen.

Die zum Himmelsleben nötigen Eigenschaften

Die größere Wirklichkeit des Himmelslebens im Verhältnis zu jenem auf der Erde wird sofort deutlich, wenn wir die Voraussetzungen betrachten, die für das Erreichen dieses höheren Bewusstseinszustandes notwendig sind. Die Eigenschaften, die ein Mensch während seines Erdenlebens entwickeln muss, wenn er nach dem Tod zu irgendeiner Existenz in der Himmelswelt gelangen soll, sind jene, welche die besten und edelsten Menschen übereinstimmend als die Wirklichen und dauernd Erstrebenswerten betrachtet haben. Damit irgendeine Bestrebung oder gedankliche Kraft ein Dasein auf dieser Ebene zum Ergebnis haben kann, muss ihr vorherrschendes Kennzeichen Selbstlosigkeit sein.

Liebe zur Familie oder zu Freunden bringt viele Menschen in das Himmelsleben und ebenso auch religiöse Hingabe. Es würde aber ein Irrtum sein anzunehmen, dass jede Liebe oder Hingabe darum notwendigerweise ihren nachtodlichen Ausdruck dort finden muss, denn von jeder dieser beiden Eigenschaften gibt es offensichtlich zwei verschiedene Arten, eine selbstsüchtige und eine selbstlose, wenngleich man wohl mit Recht sagen könnte, dass in jedem Falle nur die letztere ihren Namen wirklich verdient.

Es gibt jene Liebe, die sich auf ihren Gegenstand verströmt und nichts dafür verlangt – eine Liebe, die nie auch nur an sich selbst denkt, sondern nur daran, was sie für den geliebten Menschen tun kann. Ein solches Gefühl erzeugt eine spirituelle Kraft, die sich nur auf der Mentalebene auswirken kann. Aber es gibt auch eine andere Emotion, die manchmal auch Liebe genannt wird, eine verlangende, selbstische Leidenschaft, die hauptsächlich begehrt, geliebt zu werden, die ständig daran denkt, was sie empfängt, statt daran, was sie gibt, und die sehr leicht beim geringsten Anlass (oder auch ohne einen solchen) zu dem schrecklichen Laster der Eifersucht entartet. Eine solche Liebe trägt nicht den geringsten Samen zu einer mentalen Entwicklung in sich. Die Kräfte, die sie in Bewegung setzt, werden sich nie über die Astralebene hinaus erheben.

Gleiches gilt für die Gefühle einer bestimmten großen Klasse religiöser Menschen, deren Hauptgedanke nicht die Verherrlichung ihrer Gottheit ist, sondern nur der, wie sie ihre eigenen armseligen Seelen retten können – eine Haltung, die eindringlich darauf hinweist, dass sie noch nichts entfaltet haben, was den Namen Seele überhaupt verdient.

Demgegenüber gibt es jene wahre religiöse Hingabe, die nie an sich selbst denkt, sondern nur an ihre Liebe und Dankbarkeit gegenüber ihrer Gottheit oder ihrem Lehrer. Sie ist von dem brennenden Wunsch erfüllt, etwas für diese oder in ihrem Namen zu tun. Ein solches Gefühl führt oft zu einem langen Himmelsleben verhältnismäßig hoher Art. Dies gilt natürlich für alle Menschen, wer immer auch ihre Gottheit oder ihr Lehrer sei, und die Anhänger von Buddha, Krishna, Ormuzd, Allah und Christus erlangen alle das ihnen gebührende Maß an himmlischer Seligkeit, dessen Dauer und Beschaffenheit ausschließlich von der Intensität und Reinheit ihrer Gefühle abhängt und in keiner Weise von dem Gegenstand derselben. Letzterer wird allerdings zweifellos die Möglichkeit beeinflussen, wie weit sie während dieses höheren Lebens Belehrungen empfangen können.

In den meisten Fällen ist aber menschliche Verehrung ebenso wie menschliche Liebe weder ganz rein noch ganz egoistisch. Das müsste schon eine sehr niedrige Liebe sein, in die niemals auch nur ein selbstloser Gedanke oder Impuls eingetreten ist, und andererseits mag auch eine Zuneigung, die gewöhnlich und vorwiegend rein und edel ist, manchmal von einer Verkrampfung eifersüchtigen Fühlens oder einem vorübergehenden selbstsüchtigen Gedanken umwölkt werden. In beiden Fällen unterscheidet, wie immer, das Gesetz ewiger Gerechtigkeit in unfehlbarer Weise, und ebenso wie jedes in einem weniger entwickelten Herzen aufflammende edlere Gefühl in der Himmelswelt das ihm Gebührende erhalten wird, auch wenn es in seinem Leben sonst gar nichts gab, was die Seele über die Astralebene emporheben könnte, so wird auch jeder niedrigere Gedanke, der vorübergehend die heilige Ausstrahlung wahrer Liebe zeitweise verdunkelte, seine Kraft in der Astralwelt auswirken, ohne im Geringsten das großartige Himmelsleben zu beeinträchtigen, das unfehlbar aus Jahren tiefer Liebe hier unten entspringt.

Wie ein Mensch zum ersten Mal das Himmelsleben erlangt

Daraus ist zu ersehen, dass viele zurückgebliebene Egos in den früheren Stadien ihrer Entwicklung überhaupt nie bewusst in die Himmelswelt gelangen, während eine noch größere Anzahl nur eine verhältnismäßig schwache Berührung mit einigen ihrer niedrigeren Sphären erreicht. Jedes Ego muss sich natürlich in sein wahres Selbst in den höheren Bereichen zurückziehen, ehe es sich wieder verkörpert. Doch daraus folgt keineswegs, dass es in diesem Zustand irgendetwas erfährt, was man Bewusstsein nennen könnte. Dieses Thema wird genauer behandelt werden, wenn wir uns mit den Arupa-Ebenen befassen. Jetzt scheint es zweckmäßiger, mit der niedersten der Rupa-Ebenen zu beginnen und dann langsam empor zu schreiten. Wir lassen daher jenen Teil der Menschheit, dessen bewusste Existenz nach dem Tode praktisch auf die Astralwelt beschränkt ist, einstweilen beiseite und gehen dazu über, den Fall eines Wesens zu betrachten, das sich eben aus dieser Lage herausgehoben hat und zum ersten Mal ein schwaches vorübergehendes Bewusstsein in der untersten Unterabteilung der Himmelswelt hat.

Offensichtlich gibt es verschiedene Wege, auf welchen dieser wichtige Schritt in der frühen Entwicklung der menschlichen Seele zustande gebracht werden kann, aber für unseren gegenwärtigen Zweck wird es genügen, als Beispiel eines derselben eine ein wenig rührende Geschichte aus dem wirklichen Leben heranzuziehen, die einem unserer Forscher bei der Untersuchung dieser Frage zur Kenntnis kam. In diesem Fall war das Werkzeug der großen Kräfte der Evolution eine arme Näherin, die in einem der trübseligsten Winkel der Armenviertel von London wohnte, in einem übel riechenden Hinterhof im East End, in den kaum Licht und Luft eindringen konnten. Sie hatte natürlich keine höhere Bildung genossen, denn ihr Leben war eine lange Kette härtester Arbeit unter den ungünstigsten Bedingungen gewesen. Trotzdem war sie ein gutherziges, wohlwollendes Geschöpf, überströmend von Liebe und Güte gegen alle, mit denen sie in Berührung kam. Ihre Wohnung war ebenso ärmlich wie irgendeine andere in diesem Hofgebäude, aber sie war zumindest reiner und netter gehalten als die anderen. Sie hatte kein Geld, um es Nachbarn zu geben, wenn diese durch Krankheit in eine noch schlimmere Notlage gerieten als gewöhnlich, aber bei solchen Gelegenheiten war sie immer zur Stelle, so oft sie sich von ihrer Arbeit ein paar Augenblicke freimachen konnte, und leistete ihnen mit liebevollem Mitgefühl solche Dienste, zu denen sie in der Lage war. Den derben, unwissenden Fabrikmädchen in ihrer Umgebung erschien sie in der Tat wie eine Hilfe der Vorsehung, und sie betrachteten sie mit der Zeit wie eine Art Engel der Hilfsbereitschaft und Barmherzigkeit, der in Zeiten von Not und Krankheit immer zur Stelle war. Oft blieb sie, nachdem sie den ganzen Tag lang fast ohne Unterbrechung mühevolle Arbeit geleistet hatte, noch die halbe Nacht auf, um einige der vielen Leidenden zu pflegen, die es in einer solchen ungesunden, glücklosen Umgebung immer gibt. In vielen Fällen waren die Dankbarkeit und die Liebe, die ihre selbstlose Güte in diesen Menschen erweckte, die einzigen höheren Gefühle, die diese während ihres rohen, unerquicklichen Lebens empfunden hatten.

Bei den in dieser Umgebung herrschenden Zuständen darf man sich nicht wundern, dass manche ihrer Pfleglinge starben, und nun wurde es offenbar, dass sie für diese weit mehr getan hatte, als sie wusste. Sie hatte ihnen nicht nur in ihren irdischen Nöten ein wenig freundliche Hilfe geleistet, sondern ihnen auch einen wichtigen Impuls in ihrer geistigen Entwicklung gegeben. Denn sie waren unentwickelte Seelen, Wesen einer sehr zurückgebliebenen Art, die noch in keinem ihrer bisherigen Leben jene geistigen Kräfte in Tätigkeit versetzt hatten, die ihnen allein eine bewusste Existenz auf der Mentalebene vermitteln konnten. Jetzt aber hatten sie zum ersten Mal nicht nur ein Ideal vor sich gehabt, dem sie nachstreben konnten, sondern es war in ihnen durch das fürsorgliche Handeln der Näherin auch eine wirklich selbstlose Liebe erweckt worden, und allein die Tatsache, ein so starkes Gefühl zu empfinden, hatte sie erhoben und ihnen eine stärkere Individualität verliehen, so dass sie nach der Beendigung ihres Aufenthaltes auf der Astralebene ihre ersten Erfahrungen in der untersten Unterabteilung der Himmelswelt machen konnten. Diese Erfahrung war wahrscheinlich kurz und nicht von fortgeschrittener Art, aber doch von weit größerer Wichtigkeit, als es auf den ersten Blick erscheinen mag. Wenn einmal die große geistige Kraft der Selbstlosigkeit erweckt ist, dann bewirkt das Ausarbeiten ihrer Ergebnisse in der Himmelswelt die Ausbildung einer Tendenz zur Wiederholung, und so gering dieses erste Ausströmen der Menge nach auch sein mag, so baut es in die Seele doch die schwache Färbung einer Eigenschaft ein, die im nächsten Leben sicher wieder zum Ausdruck kommen wird.

Auf diese Weise vermittelte das gütige Wohlwollen einer armen Näherin mehreren weniger entwickelten Seelen den Eintritt in ein bewusstes geistiges Leben, das von Inkarnation zu Inkarnation stetig stärker werden und in der Zukunft mehr und mehr auf ihre irdischen Leben einwirken wird. Dieser kleine Vorfall gibt vielleicht eine Erklärung dafür, weshalb in verschiedenen Religionen so viel Gewicht auf das persönliche Element in der Wohltätigkeit gelegt wird – die direkte Beziehung zwischen dem Geber und dem Empfänger.

Die siebte Unterebene – der niederste Himmel

Die niederste Unterabteilung der Himmelswelt, zu der die Handlungsweise unserer armen Näherin die Empfänger ihrer gütigen Fürsorge erhoben hatte, weist als ihr Hauptkennzeichen Liebe zu

Familie und Freunden auf – natürlich selbstlose, aber gewöhnlich etwas engherzige Liebe.

Hier müssen wir uns aber vor einem Missverständnis hüten. Wenn man sagt, dass Liebe zur Familie einen Menschen in die siebte Unterebene des Himmels führt, religiöse Hingabe aber in die sechste, so stellen sich viele erklärlicherweise vor, dass ein Mensch, in dem diese beiden Merkmale stark entwickelt sind, seine Zeit in der Himmelswelt zwischen diesen beiden Unterabteilungen teilen wird, indem er zuerst eine lange glückliche Zeit inmitten seiner Familie verbringt und dann in den nächsthöheren Bereich aufsteigt, um dort die geistigen Kräfte auszuschöpfen, die durch sein hingebungsvolles Streben erzeugt wurden. Es verhält sich aber nicht so, denn in einem solchen Falle würde dieser Mensch in der sechsten Unterabteilung zum Bewusstsein erwachen, wo er sich gemeinsam mit denen, die er so sehr geliebt hatte, in die höchste Form religiöser Hingabe versenken würde, deren er fähig ist. Wenn wir darüber nachdenken, so erscheint dies auch durchaus folgerichtig, denn ein Mensch, der sowohl zu religiöser Hingabe als auch zu familiärer Liebe fähig ist, wird wahrscheinlich auch eine höhere und weitherzigere Entwicklung der letztgenannten Tugend aufweisen als jemand, dessen Psyche nur für den Einfluss in einer Richtung zugänglich ist.

Diese Regel gilt auch in der ganzen weiteren Entwicklung. Die höheren Bereiche können immer auch die Eigenschaften der niedrigeren mit einschließen sowie einige besondere Eigenheiten, und wenn sie dies tun, dann besitzen ihre Bewohner diese Eigenschaften unweigerlich in vollerem Maße als die Seelen auf der niederen Ebene.

Wenn gesagt wird, dass Liebe zur Familie die siebte Unterebene charakterisiert, so darf man nicht einen Augenblick annehmen, dass die Liebe auf diese Stufe beschränkt ist. Der Mensch, der sich nach dem Tod hier einfindet, ist vielmehr ein solcher, in dessen Charakter diese Liebe die höchste Eigenschaft war – in der Tat die einzige, die ihn überhaupt zu einem Himmelsleben berechtigte. Aber auf den höheren Unterebenen kann natürlich Liebe von einer weit edleren und erhabeneren Art erblickt werden, als sie je auf dieser Ebene zu finden ist.

Eine der ersten Wesenheiten, die auf dieser Unterebene den Forschern begegnete, bildet ein recht typisches Beispiel ihrer Bewohner. Der betreffende Mann war während seines Lebens ein kleiner Lebensmittelhändler gewesen. Er war weder intellektuell entwickelt noch hatte er besondere religiöse Gefühle, er war einfach ein gewöhnlicher, rechtschaffener, ehrenwerter Geschäftsmann gewesen. Zweifellos war er jeden Sonntag regelmäßig zur Kirche gegangen, weil es eben der Brauch war und sich so schickte, doch war ihm Religion nur ein unbestimmtes Etwas gewesen, das er nicht wirklich verstand, das aber in keinem Zusammenhang mit den Geschäften des täglichen Lebens stand und das er bei der Entscheidung von Problemen dieses Lebens nicht mit in Betracht zog. Es besaß daher nichts von der Tiefe jener Frömmigkeit, die ihn in die nächste Unterebene hätte emporheben können, aber er hatte eine warme Zuneigung für seine Frau und seine Familie, die ein beträchtliches Element von Selbstlosigkeit aufwies. Er dachte ständig an sie, und wenn er in seinem kleinen Laden von früh bis spät arbeitete, so geschah dies weit mehr für sie als für sich selbst. Als er nach einer Zeit der Existenz auf der Astralebene seinen zerfallenen Begierdenkörper schließlich abgeschüttelt hatte, fand er sich daher in der niedrigsten Unterabteilung der Himmelswelt wieder – mit allen seinen Lieben um sich versammelt.

Er war hier weder intellektueller noch vergeistigter, als er es auf Erden gewesen war, denn der Tod bringt keine plötzliche Entwicklung solcher Art mit sich. Die Umgebung, in der er sich mit seiner Familie sah, war nicht von besonders verfeinerter Art, denn sie gab nur seine eigenen höchsten Ideale nicht-physischer Freuden während seines vergangenen Lebens wieder. Trotzdem war er so intensiv glücklich, als er es vermochte, und da er ständig mehr an seine Familie dachte als an sich selbst, entfaltete er zweifellos selbstlose Eigenschaften, die seiner Seele als bleibende Merkmale eingefügt wurden und daher in allen seinen künftigen Leben auf Erden erscheinen werden.

Ein zweiter typischer Fall war der eines Mannes, der gestorben war, als seine einzige Tochter noch sehr jung war. Hier, in der Himmelswelt, hatte er sie immer bei sich – und immer mit ihren besten Eigenschaften. Er beschäftigte sich ständig damit, sich alle möglichen schönen Bilder für die Zukunft auszumalen.

Wieder ein anderer Fall war der eines jungen Mädchens, das ständig in die Betrachtung der vielen Vorzüge ihres Vaters versunken und damit beschäftigt war, kleine Überraschungen und neue Freuden für ihn zu planen.

Ein weiterer Fall war der einer Frau aus Griechenland, die eine wunderbar glückliche Zeit mit ihren drei Kindern verlebte. Eines derselben war ein hübscher Knabe, und ihr großes Entzücken war, sich ihn als Sieger bei den Olympischen Spielen vorzustellen.

Ein auffallendes Merkmal dieser Unterebene war während der letzten Jahrhunderte die große Zahl von Römern, Karthagern und Engländern, die dort zu finden war. Der Grund dafür ist der, dass unter den Angehörigen dieser Nationen Selbstlosigkeit sich hauptsächlich in der Liebe zur Familie betätigte. Hindus und Buddhisten hingegen waren verhältnismäßig wenige dort anwesend, weil bei ihnen echte religiöse Gefühle gewöhnlich unmittelbarer im Alltagsgeschehen zur Geltung kommen und diese sie daher in einen höheren Bereich erheben.

Natürlich gab es unter den beobachteten Fällen eine fast unbegrenzte Vielfältigkeit, und die verschiedenen Grade ihres Fortschrittes waren durch das verschiedene Maß ihres Leuchtens zu erkennen, während die Unterschiede der Farben die verschiedenen Eigenschaften anzeigten, welche die betreffenden Personen entwickelt hatten.

Manche von ihnen waren Liebende, die in der vollen Kraft ihrer Zuneigung gestorben waren und darum ständig mit der einen Person beschäftigt waren, die sie liebten, unter Ausschluss aller anderen. Andere wiederum waren dort, die fast Wilde geblieben waren. Ein Beispiel war ein Malaye, ein sehr unentwickelter Mann, der eine schwache Erfahrung des Himmelslebens in Verbindung mit einer Tochter erlangte, die er geliebt hatte.

In allen diesen Fällen war es ein Hauch selbstloser Liebe, der ihnen den Himmel schenkte; denn außer dieser war nichts in ihren persönlichen Leben vorhanden gewesen, was auf dieser Ebene hätte zum Ausdruck kommen können. In den meisten auf dieser Ebene beobachteten Fällen sind die Bilder der geliebten Personen weit entfernt davon, vollkommen zu sein, und die wahren Egos oder Seelen der geliebten Menschen können sich daher nur mangelhaft durch sie ausdrücken, wenn dieser Ausdruck allerdings auch selbst im ungünstigsten Falle ein vollerer und befriedigenderer ist, als er es je im physischen Leben war. Im Erdenleben sehen wir unsere Freunde nur bruchstückhaft; wir kennen nur jene Seiten von ihnen, die uns verwandt sind, und die anderen Seiten ihres Charakters existieren praktisch nicht für uns. Unser Umgang mit ihnen und unser Wissen um sie bedeutet hier unten sehr viel für uns und gehört oft zu den größten Dingen in unserem Leben; beides muss aber in Wirklichkeit stets sehr mangelhaft sein, denn selbst in den sehr seltenen Fällen, in denen wir glauben können, einen Menschen durch und durch zu kennen, in Körper und Seele, ist das, was wir kennen können, doch nur jener Teil von ihm, der sich während seiner Verkörperung auf diesen niederen Ebenen manifestiert, und dahinter gibt es in seinem wahren Ego noch weit mehr, woran wir nicht herankommen können. Wenn es uns möglich wäre, mit der unmittelbaren und vollkommenen Schau der Mentalebene zum ersten Mal das ganze Wesen unseres Freundes zu sehen, wenn wir ihm nach dem Tod begegnen, so ist sehr wahrscheinlich, dass er für uns ganz unerkennbar wäre. Sicher würde er absolut nicht der »liebe Mensch« sein, den wir früher zu kennen glaubten.

Wir müssen uns klar machen, dass die innige Liebe, die allein einen Menschen in das Himmelsleben eines anderen bringt, auf diesen höheren Ebenen eine sehr mächtige Kraft ist – eine Kraft, die zur Seele des geliebten Menschen emporreicht und eine Antwort aus ihr erweckt. Natürlich hängt die Lebhaftigkeit dieser Antwort, das Ausmaß an Leben und Kraft in ihr, von der Entwicklungsstufe des geliebten Menschen ab, aber es gibt keinen Fall, in dem diese Antwort nicht vollkommen wirklich wäre, soweit sie eben reicht. Natürlich kann die Seele, das Ego, vollkommen nur auf ihrer eigenen Ebene erreicht werden – auf einer der Arupa-Unterabteilungen der Mentalebene – aber wenigstens sind wir dieser auf jeder Stufe der Himmelswelt näher als hier, und wir könnten daher unter günstigen Umständen dort viel mehr von unserem Freund erfahren, als es hier jemals möglich wäre, und selbst unter den ungünstigsten Bedingungen sind wir dort der Wirklichkeit weit näher, als wir es je vorher waren.

Zwei Faktoren müssen wir bei der Betrachtung dieses Gegenstandes berücksichtigen – nämlich den Entwicklungsgrad jeder der beiden in Betracht kommenden Personen. Wenn der in seinem Himmelsleben befindliche Mensch starke Zuneigung empfindet und einigermaßen spirituell entwickelt ist, wird er ein klares und ziemlich vollkommenes Gedankenbild von seinem Freund, wie er ihn kannte, schaffen, ein Bild, durch das sich die Seele des Freundes auf dieser Ebene in sehr beträchtlichem Maß zum Ausdruck bringen kann. Aber um aus dieser Gelegenheit vollen Nutzen zu ziehen, müsste auch diese Seele selbst in der Entwicklung schon einigermaßen fortgeschritten sein.

Wir sehen also, dass es aus zwei Gründen geschehen kann, dass die Manifestation unvollkommen ist. Das von dem Verstorbenen geschaffene Bild kann so unbestimmt und undeutlich sein, dass der Freund, auch wenn er gut entwickelt ist, es nur wenig benützen kann; andererseits kann, auch wenn ein gutes Bild geschaffen wurde, auf Seiten des Freundes keine hinreichende Entwicklung vorliegen, die ihn in die Lage versetzen würde, es entsprechend auszunützen.

In jedem Fall aber wird die Seele des Freundes durch das Gefühl der Zuneigung erreicht, und auf was immer für einer Entwicklungsstufe sie sich befinden mag, so antwortet sie darauf sofort damit, dass sie sich selbst in dieses Bild ausströmen lässt. Das Maß, in welchem der wahre Mensch sich dadurch auszudrücken vermag, hängt von den bereits erwähnten beiden Faktoren ab – erstens von der Art des geschaffenen Bildes und zweitens davon, wie viel Seele vorhanden ist, um sich auszudrücken. Aber selbst das schwächste Bild, das geschaffen wird, befindet sich jedenfalls auf der Mentalebene, und es kann daher vom Ego viel leichter erreicht werden als ein physischer Körper, der sich zwei Ebenen weiter unten befindet.

Wenn der geliebte Freund noch auf Erden lebt, wird er sich hier auf der physischen Ebene dessen natürlich gar nicht bewusst sein, dass sein wahres Selbst sich dieser zusätzlichen Manifestation erfreut, aber das beeinträchtigt in keiner Weise die Tatsache, dass diese Manifestation eine wirklichere ist und näher dem wahren Selbst als die niedrige hier unten, die alles ist, was die meisten von uns bis jetzt sehen können.

Eine interessante Tatsache ist es, dass ein Mensch, da er sehr wohl in das Himmelsleben mehrerer verstorbener Freunde Eingang finden kann, sich auf diese Weise gleichzeitig in allen diesen verschiedenen Gestalten manifestieren und einen physischen Körper hier unten lenken und benützen kann. Sich dieses vorzustellen, bietet jedoch keine Schwierigkeiten für den, der das Verhältnis der verschiedenen Ebenen zueinander kennt. Es ist ebenso leicht für ihn, sich gleichzeitig in mehreren dieser himmlischen Gedankenbilder zu manifestieren, wie wir uns gleichzeitig des Druckes verschiedener Gegenstände auf verschiedene

Teile unseres Körpers bewusst sein können. Die Beziehung einer Ebene zu einer anderen ist wie die einer Dimension zu einer anderen. Keine Anzahl von Einheiten der niedrigeren Dimension kann jemals einer der höheren gleichkommen, und in genau derselben Weise kann keine Anzahl dieser Manifestationen die Fähigkeit zu antworten im Ego darüber erschöpfen. Im Gegenteil, solche Manifestationen bieten ihm eine schätzenswerte zusätzliche Gelegenheit zur Entwicklung auf der Mentalebene, eine Gelegenheit, welche unter dem Walten des Gesetzes göttlicher Gerechtigkeit eine unmittelbare Folge und Belohnung für die Handlungen oder Eigenschaften darstellt, die ein solches Ausströmen von Liebe haben.

Aus all dem geht klar hervor, dass in dem Maß, in dem ein Mensch sich entwickelt, seine Gelegenheiten nach allen Richtungen größer werden. Nicht nur wird er, wenn er fortschreitet, mit größerer Wahrscheinlichkeit die Liebe und Verehrung vieler auf sich ziehen und so viele starke Gedankenbilder auf der Mentalebene zur Verfügung haben, sondern auch seine Kraft, sich durch jedes derselben kundzutun, und seine Aufnahmefähigkeit in denselben wird im Verlaufe seines Fortschrittes schnell wachsen.

Ein sehr gutes Beispiel dafür war ein einfacher Fall, der unseren Forschern kürzlich zur Kenntnis kam. Es war der einer Mutter, die vor etwa zwanzig Jahren gestorben war und zwei Knaben hinterlassen hatte, denen sie sehr zugetan war. Natürlich waren sie die hervorragendsten Gestalten in ihrem Himmel, und ebenso selbstverständlich stellte sie sich dieselben so vor, wie sie sie verlassen hatte, als Knaben im Alter von fünfzehn oder sechzehn Jahren. Die Liebe, die sie so unaufhörlich auf diese Gedankenbilder ausströmte, wirkte als eine wohltätige Kraft, die sich auf die jetzt erwachsenen Männer in der physischen Welt ergoss, aber sie wirkte nicht auf beide im gleichen Maße ein – nicht etwa, weil ihre Liebe für den einen stärker war als für den anderen, sondern weil in der Lebendigkeit der beiden Bilder selbst ein großer Unterschied vorhanden war. Es war, wohl gemerkt, kein Unterschied, den die Mutter wahrnehmen konnte. Für sie schienen ihr beide in gleicher Weise nahe und enthielten alles, was sie nur wünschen konnte; aber für den Blick unserer Forscher was es doch klar, dass das eine weit stärker von lebendiger Kraft erfüllt war als das andere. Als man der Ursache dieser interessanten Erscheinung nachging, fand man, dass der eine Sohn zu einem gewöhnlichen Geschäftsmann herangewachsen war, nicht schlecht in irgendeinem Sinn, aber doch ohne jegliche spirituelle Neigung, während der andere ein Mann von hohem selbstlosen Streben geworden war, sehr feinfühlend und gebildet. Sein Leben war ein solches gewesen, dass er ein weit höheres Maß an Bewusstheit in seiner Seele zu entwickeln vermochte als sein Bruder, und daher war sein höheres Selbst imstande, das Bild aus seiner Jugendzeit, das seine Mutter in ihrem Himmelsleben gestaltet hatte, viel stärker zu beleben. Es war mehr Seele da, die hineingegeben werden konnte, und daher war das Bild lebhafter und lebendiger.

Weitere Forschungen zeigten eine ganze Anzahl ähnlicher Fälle, und man konnte deutlich sehen, dass sich eine Seele, je höher sie der Spiritualität nach entwickelt ist, sich umso voller in solchen Gestaltungen zum Ausdruck bringen kann, welche die Liebe ihrer Freunde für sie bereitet. Durch diesen volleren Ausdruck ist sie auch imstande, mehr Nutzen aus der lebendigen Kraft dieser Liebe zu ziehen, die sich durch diese Gedankenbilder auf sie ergießt. In dem Maß, in dem die Seele wächst, werden diese Bilder zu einem immer volleren Ausdruck von ihr, bis sie schließlich, wenn sie die Stufe eines Meisters erreicht hat, diese bewusst als Werkzeug zur Hilfe und Unterweisung der Schüler benützt.

Zwischen denen, die noch im physischen Körper eingeschlossen sind, und jenen, die schon in dieses himmlische Reich hinübergegangen sind, ist nur auf diesem Wege eine Verbindung möglich. Eine Seele mag, wie schon gesagt wurde, herrlich durch ihr Bild im Himmelsleben eines Freundes erstrahlen, und dennoch mag sie in ihrer Manifestation durch den physischen Körper auf der irdischen Ebene dessen völlig unbewusst sein und darum glauben, sie sei unfähig, mit ihrem verstorbenen Freund zu verkehren. Aber wenn diese Seele ihr Bewusstsein so weit entwickelt hat, dass sie eine „erwachte Seele" geworden ist, und wenn sie dadurch von ihren vollen Kräften Gebrauch machen kann, während sie sich noch im physischen Körper befindet, dann kann sie auch selbst in diesem trüben irdischen Leben dessen gewahr werden, dass sie noch wie eh und je ihrem Freund von Angesicht zu Angesicht gegenübersteht. Der Tod hat ihr den Menschen, den sie liebte, nicht entrissen, sondern nur dessen Augen dem größeren, weiteren Leben geöffnet, das uns allezeit umgibt.

Der Erscheinung nach würde der Freund sehr ähnlich aussehen, wie er es auf Erden tat, aber doch irgendwie in eigenartiger Weise verklärt. Im Mentalkörper befindet sich gleich wie im Astralkörper innerhalb der äußeren eiförmigen Hülle, deren Form durch die des Kausalkörpers bestimmt ist, eine Reproduktion der physischen Gestalt, so dass die Erscheinung in manchem einem dichteren Nebel gleicht, der von einem schwächeren Nebel umgeben ist. Aber die Persönlichkeit des letzten physischen Lebens wird das ganze Himmelsleben hindurch deutlich bewahrt, und erst wenn das Bewusstsein schließlich in den Kausalkörper zurückgezogen wird, versinkt dieses Persönlichkeitsgefühl in der Individualität, und der Mensch nimmt sich zum ersten Mal seit seinem Abstieg in die Inkarnation als das wahre und verhältnismäßig dauernde Selbst wahr.

Manchmal fragen die Menschen, ob es auf der Mentalebene irgendein Zeitbewusstsein gibt, einen Wechsel von Tag und Nacht oder von Schlafen und Wachen. Das einzige Erwachen in der Himmelswelt ist das langsame Aufdämmern seiner wunderbaren Seligkeit im Verstandessinn, wenn der Mensch in das Leben auf dieser Ebene eintritt, und das einzige Einschlafen ist das ebenso allmähliche Versinken in glückliche Unbewusstheit, wenn der lange Abschnitt dieses Lebens schließlich zu Ende geht. Dieses Leben wurde uns anfänglich als eine Art Verlängerung aller glücklichsten Stunden eines Menschen im Erdenleben beschrieben, nur mit hundertfach intensivierter Seligkeit. Auch wenn diese Definition noch viel zu wünschen übrig lässt (wie es ja bei allen der physischen Ebene entnommenen Vergleichen nicht anders sein kann), so kommt sie doch der Wahrheit viel näher als die Vorstellung von Tag und Nacht. In Wirklichkeit existiert eine unendliche Vielfältigkeit in der Himmelswelt, aber den Wechsel von Schlafen und Wachen gibt es auf dieser Ebene nicht.

Nach der endgültigen Trennung des Mentalkörpers vom Astralkörper tritt gewöhnlich eine Periode gänzlicher Bewusstlosigkeit ein, mit Unterschieden innerhalb sehr weiter Grenzen hinsichtlich ihrer Dauer, analog jener, die gewöhnlich dem physischen Tod folgt. Das Erwachen daraus zu einem aktiven mentalen Bewusstsein ähnelt dem, was oft beim Aufwachen aus dem nächtlichen Schlaf geschieht. So wie man beim ersten Erwachen am Morgen manchmal eine Zeitspanne intensiv angenehmer Ruhe empfindet, während welcher man sich nur eines Gefühles freudigen Genießens bewusst ist, indes der Verstand noch ganz inaktiv und der Körper kaum unter Kontrolle ist, so geht der Mensch, der in der Himmelswelt erwacht, zunächst durch eine mehr oder weniger lange Periode intensiver, immer zunehmender Glückseligkeit hindurch, ehe er die volle Aktivität seines Bewusstseins auf dieser Ebene erlangt. Wenn dieses Gefühl wunderbarer Freude in ihm zum ersten Mal aufzudämmern beginnt, erfüllt es den ganzen Bereich seines Bewusstseins, und allmählich erst findet er sich, wenn er erwacht, von einer Welt umgeben, die aus seinen eigenen Idealen gestaltet ist und ihm jene Merkmale zeigt, die der Unterebene, in die er gezogen wurde, entsprechen.

Die sechste Unterebene – der zweite Himmel

Das vorherrschende Merkmal dieser Unterabteilung kann „anthropomorphe religiöse Hingabe" genannt werden. Der Unterschied zwischen dieser Art der Hingabe und jenem religiösen Empfinden, das seinen Ausdruck auf der zweiten Unterebene der Astralwelt findet, liegt in der Tatsache, dass es sich hier um ein rein selbstloses Gefühl handelt (der Mensch, der es empfindet, denkt in keiner Weise daran, was für ein Ergebnis seine Hingabe für ihn selbst haben könnte), während es sich dort um ein Gefühl handelt, das stets durch die Hoffnung oder den Wunsch ausgelöst wird, dadurch selbst irgendeinen Vorteil zu erlangen. Auf der zweiten astralen Unterebene enthält das dort tätige religiöse Gefühl daher ausnahmslos ein Element egoistischer Berechnung, während jene Hingabe, die den Menschen in die zweite Unterebene der Himmelswelt erhebt, völlig frei von einem solchen Charakterzug ist.

Andererseits muss diese Stufe der Frömmigkeit, die im Wesentlichen aus der dauernden Anbetung einer persönlichen Gottheit besteht, sorgsam von jenen noch höheren Formen unterschieden werden, die ihren Ausdruck darin finden, eine bestimmte Arbeit um der Gottheit willen durchzuführen. Einige Beispiele der auf dieser Unterebene beobachteten Fälle werden vielleicht diese Unterschiede deutlicher zeigen, als es eine bloße Beschreibung zu tun vermag.

Eine große Zahl von Menschen, deren mentale Aktivitäten sich auf dieser Ebene auswirken, kommt aus den Religionen des Ostens; aber nur solche gehören dazu, die durch eine reine, jedoch mehr oder minder blinde, unintelligente Hingabe charakterisiert sind. Verehrer von Vishnu, in seiner Verkörperung als Krishna und in anderer Form, und manche Anhänger Shivas sind hier zu finden, alle eingeschlossen in den selbst gewebten Kokon ihrer eigenen Gedanken, allein mit ihrem besonderen Gott und die ganze übrige Menschheit vergessend, ausgenommen, dass ihre Zuneigungen bewirken, jene, die sie liebten, sich mit ihm in ihrer Anbetung vereint zu sehen. Einen Anhänger des Vaishnava-Kultes erblickte man zum Beispiel, wie er völlig in Anbetung vor dem gleichen Bild Vishnus versunken war, dem er während seines Lebens seine Opfer dargebracht hatte.

Einige besonders charakteristische Beispiele findet man unter Frauen, die tatsächlich einen großen Teil der Bewohner dieser Ebene bilden. Unter anderen war dort eine Hindu-Frau, die ihren Gatten zu einem Gott verherrlicht hatte und sich gleichzeitig vorstellte, dass das Kind Krishna mit ihren eigenen Kindern spielte. Aber während die letzteren durchaus menschlich und real erschienen, war das Kind Krishna offensichtlich nichts anderes als das Abbild einer blauen hölzernen Figur, die zum Leben galvanisiert war. Krishna erschien in ihrem Himmel auch noch in einer anderen Gestalt, nämlich in der eines auf einer Flöte spielenden, sehr feminin aussehenden Mannes. Sie war aber durch diese doppelte Erscheinung nicht im Geringsten verwirrt oder beunruhigt.

Eine andere Frau, eine Verehrerin Shivas, hatte den Gott mit ihrem Gatten vermengt und betrachtete diesen als eine Manifestation des Gottes, so dass der eine fortwährend in den anderen überzugehen schien.

Auch einige Buddhistinnen waren in dieser Unterabteilung zu sehen, aber offensichtlich ausschließlich relativ wenig gebildete, die Buddha mehr als einen Gegenstand der Verehrung, denn als einen großen Lehrer betrachteten.

Die christliche Religion liefert auch viele Bewohner dieser Ebene. Die unintelligente Frömmigkeit, wie sie sich zum Beispiel einerseits bei ungebildeten römisch-katholischen Bauern und andererseits bei den ernsten und aufrichtigen »Soldaten« der Heilsarmee findet, scheint Ergebnisse zu zeitigen, die den eben beschriebenen sehr ähnlich sind, denn auch diese Menschen findet man ganz eingehüllt in ihre Vorstellungen von Christus oder seiner Mutter. So war zum Beispiel ein irischer Bauer zu sehen, der ganz in tiefste Verehrung der Jungfrau Maria versunken war, die er sich nach der Art von Tizians Gemälde »Himmelfahrt« auf der Mondsichel stehend vorstellte, jedoch die Hände ausstreckend und mit ihm sprechend. Einen mittelalterlichen Mönch fand man in ekstatischer Betrachtung des gekreuzigten Christus, und die Intensität seiner sehnenden Liebe und seines Mitgefühls war so groß, dass sich, während er betrachtete, wie das Blut aus den Wunden seines Christus-Bildes herabtropfte, die Stigmata auf seinem eigenen Verstandeskörper reproduzierten.

Ein anderer wiederum schien die traurige Geschichte von der Kreuzigung vergessen zu haben und dachte sich seinen Christus nur als verherrlicht auf einem Thron sitzend, mit dem gläsernen, kristallgleichen Meer vor sich, umgeben von einer zahllosen Menge von Anbetern, unter denen sich auch er mit seiner Frau und seiner Familie befand. Seine Zuneigung zu diesen Angehörigen war sehr groß, trotzdem waren seine Gedanken mehr mit der Anbetung Christi beschäftigt, wenn auch seine Vorstellung von seiner Gottheit so materiell war, dass er sich Christus kaleidoskopartig wechselnd bald in der Gestalt eines Mannes und bald in jener eines Lammes mit einer Fahne dachte, ein Bild, das oft an Kirchenfenstern zu sehen ist.

Interessanter war der Fall einer spanischen Nonne, die im Alter von neunzehn oder zwanzig Jahren gestorben war. In ihrem Himmel versetzte sie sich in die Zeit zurück, als Christus auf Erden lebte, und stellte sich vor, dass sie ihn durch die ganze Reihe von Begebenheiten begleitete, die in den Evangelien erzählt werden, wobei sie für seine Mutter, die Jungfrau Maria, sorgte. Vielleicht nicht unerklärlicherweise waren ihre Bilder von der Landschaft in Palästina und der Kleidung der Bewohner absolut ungenau, denn der Erlöser und seine Jünger waren in die Tracht spanischer Bauern gekleidet, während die Hügel um Jerusalem mächtige Berge bildeten, die Weingärten trugen, deren Olivenbäume mit grauem spanischen Moos bewachsen waren. Von sich selbst dachte sie, dass sie schließlich zu einer Märtyrerin ihres Glaubens wurde und zum Himmel auffuhr, aber nur, um all das, was sie so entzückte, immer wieder zu durchleben.

Ein seltsames, aber liebreizendes Beispiel vom Himmelsleben eines Kindes möge diese Liste abschließen. Der kleine Junge war im Alter von sieben Jahren gestorben und beschäftigte sich damit, in der Himmelswelt die religiösen Geschichten wieder darzustellen, die ihm sein irisches Kindermädchen hier unten auf Erden erzählt hatte. Am liebsten stellte er sich vor, dass er mit dem Jesukind spielte und ihm half, jene Sperlinge aus Ton zu formen, von denen die Legende erzählt, dass die Macht des Christuskindes ihnen Leben verlieh und sie fliegen ließ.

Man sieht also, dass die blindgläubige, unvernünftige religiöse Hingabe ihre Bekenner nie zu besonderer spiritueller Höhe zu erheben vermag. Man muss aber bedenken, dass diese in allen Fällen vollkommen glücklich und befriedigt sind, denn was sie erhalten, ist immer das Höchste, das zu würdigen sie imstande sind. Auch bleibt dies auf ihre künftige Entwicklung nicht ohne günstigen Einfluss; denn wenn auch kein Maß von bloßer Hingabe wie diese je den Intellekt zu entwickeln vermag, so verstärkt sie doch die Fähigkeit zu einer höheren Art der Hingabe, und in den meisten Fällen führt sie auch zur Reinheit des Lebens. Ein Mensch, der ein solches Leben führt und einen solchen Himmel genießt, wie wir es eben beschrieben haben, wird zwar wahrscheinlich keine sehr raschen Fortschritte auf dem Pfad zur spirituellen Entwicklung machen, aber er ist zumindest vor vielen Gefahren behütet, denn es ist sehr unwahrscheinlich, dass er in seinem nächsten Erdenleben in gröbere Sünden verfallen oder sich von seinem devotionellen Streben abbringen lassen wird, um sich einem weltlichen Leben voll Besitzstreben, Ehrgeiz und müßigen Zerstreuungen hinzugeben. Dennoch bringt uns ein Überblick über diese Unterebene deutlich zum Bewusstsein, wie wichtig es ist, dem Rat des heiligen Petrus zu folgen: »So fügt eurem Glauben Tugend hinzu, und der Tugend Erkenntnis.« (2. Petr. 1,5)

Wenn aus groben Formen des Glaubens so sonderbare Ergebnisse zustande kommen, sieht man sich mit Interesse um, um zu erkunden, was für Wirkungen der noch gröbere Materialismus hat, der vor nicht langer Zeit in Europa so schmerzlich verbreitet war. Helena Blavatsky legte im »Schlüssel zur Theosophie« dar, dass ein Materialist in manchen Fällen überhaupt kein bewusstes Leben in der Himmelswelt habe, da er auf Erden nicht an einen solchen Zustand nach dem Tod glaubte. Es scheint jedoch wahrscheinlich, dass sie dabei das Wort »Materialist« in einem viel eingeschränkteren Sinn anwandte, als dies gewöhnlich geschieht; denn in demselben Werk erklärt sie auch, dass für dieselben überhaupt kein bewusstes Leben nach dem Tod möglich sei, obgleich es für diejenigen, deren nächtliches Arbeitsfeld auf der Astralebene liegt, allgemein bekannt ist, dass man dort vielen von denen begegnet, die wir gewöhnlich Materialisten nennen, welche sicher nicht ohne Bewusstsein sind.

So wurde zum Beispiel vor langer Zeit ein bedeutender Materialist, der mit einem unserer Forscher gut bekannt war, auf der höchsten Unterebene der Astralwelt entdeckt, wo er sich mit seinen Büchern umgeben hatte und seine Studien so ziemlich in gleicher Weise fortsetzte, wie er es auf Erden getan haben würde. Auf Befragen seines Freundes gab er bereitwillig zu, dass die Theorien, die er während seines Lebens auf Erden aufgestellt hatte, durch die zwingende Logik der Tatsachen widerlegt seien; aber seine agnostische Gedankenrichtung war noch so stark, dass er sich nicht bereit finden konnte, das anzunehmen, was ihm sein Freund über das Vorhandensein der noch höheren Mentalebene mitteilte. Dennoch gab es sicher vieles in dem Charakter dieses Mannes, was nur auf der Mentalebene seine vollen Früchte tragen konnte, und da sein völliger Unglaube an irgendein Leben nach dem Tod seine astralen Erfahrungen nicht verhindert hatte, besteht kein Grund für die Annahme, dass sein Unglaube das spätere Auswirken der höheren Kräfte in seinem Inneren in der Himmelswelt unmöglich machen könnte.

Sicher ist ihm durch seinen Unglauben vieles entgangen. Hätte er die Schönheit eines religiösen Ideals zu erfassen vermocht, dann würde dies zweifellos eine mächtige Kraft der Hingabe hervorgerufen haben, deren Wirkung er jetzt geerntet hätte. Alles dies, was für ihn erlangbar gewesen wäre, fehlte jetzt. Aber seine tiefe, selbstlose Liebe zu seiner Familie und sein ernstes, unermüdliches philanthropisches Wirken waren große Kraftausströmungen, die ihre Wirkung erzeugen müssen – und sie können dies auf der Mentalebene. Das Fehlen einer Kraft kann das Wirken einer anderen nicht verhindern.

Ein anderes, später beobachtetes Beispiel war das eines Materialisten, der beim Erwachen auf der Astralebene nach seinem Tod annahm, er sei noch am Leben und habe nur einen unerfreulichen Traum. Zum Glück für ihn befand sich unter der Gruppe von Helfern, die fähig waren, auf der Astralebene zu wirken, der Sohn eines seiner alten Freunde, der beauftragt war, nach ihm zu suchen und sich zu bemühen, ihm irgendwie zu helfen. Natürlich nahm der Verstorbene zuerst an, der junge Mann sei nur eine Gestalt in seinem Traum; aber nachdem er durch ihn eine Botschaft von seinem alten Freund erhalten hatte, die sich auf Ereignisse bezog, die vor der Geburt des Boten stattgefunden hatten, war er von der Realität der Ebene, auf der er sich befand, überzeugt, und er war nun außerordentlich begierig, alle möglichen Informationen über sie zu erhalten. Die Aufklärung, die ihm nun gegeben wird, wird unter diesen Umständen zweifellos eine sehr große Wirkung auf ihn haben und wird weitgehend nicht nur das Himmelsleben beeinflussen, das vor ihm liegt, sondern auch seine nächste Inkarnation auf Erden.

Was aus diesen beiden und noch vielen anderen Beispielen hervorgeht, braucht uns nach allem nicht zu überraschen, denn es ist nur das, was nach den Erfahrungen auf der physischen Ebene zu erwarten war. Wir finden hier unten ständig, dass die Natur eine Unkenntnis ihrer Gesetze nicht berücksichtigt. Wenn ein Mensch in dem Glauben, Feuer brenne nicht, seine Hand in eine Flamme hält, wird er rasch von seinem Irrtum überzeugt. Ebenso beeinträchtigt der Umstand, dass ein Mensch nicht an ein Fortleben glaubt, keineswegs die Tatsachen der Natur, und zumindest in einigen Fällen erkennt der Mensch einfach, dass er sich geirrt hat.

Die Art des Materialismus, die H. P. Blavatsky an den oben angeführten Stellen meint, war daher wahrscheinlich eine viel gröbere und militantere als der gewöhnliche Agnostizismus – etwas, was es sehr unwahrscheinlich machen würde, dass ein Mensch, der diese Ansicht hegt, irgendeine Eigenschaft besitzt, die ein Leben auf der Mentalebene ermöglichen würde, um sich auszuwirken.

Die fünfte Unterebene – der dritte Himmel

Das Hauptmerkmal dieser Unterabteilung kann als Frömmigkeit definiert werden, die durch tätige Arbeit zum Ausdruck kommt. Ein Christ auf dieser Ebene würde zum Beispiel, statt seinen Erlöser bloß anzubeten, sich vorstellen, dass er in die Welt hinausgeht, um für ihn zu wirken. Es ist dies besonders die Ebene für das Ausarbeiten großer Pläne und Projekte, die auf Erden noch nicht verwirklicht sind – von großen Organisationen, die, von religiöser Hingabe inspiriert, meist irgendeinen philanthropischen Zweck zum Ziel haben. Wir dürfen dabei aber nicht vergessen, dass, je höher wir uns erheben, immer mehr Vielfältigkeit und Kompliziertheit auftritt, so dass wir wohl ein bestimmtes Hauptmerkmal anführen können, das auf der ganzen Ebene vorherrscht, dass wir aber auch mehr und mehr Abweichungen und Ausnahmen finden werden, die sich nicht so leicht unter das Hauptkennzeichen einordnen lassen.

Ein typischer Fall, der allerdings etwas über dem Durchschnitt stand, war der eines Mannes, den wir damit beschäftigt fanden, einen großen Plan für die Verbesserung der Lage der niedrigeren Klassen auszuarbeiten. Obwohl er selbst tief religiös war, hatte er doch empfunden, dass der erste Schritt bei der Behandlung der Armen darin bestehen müsse, ihre materielle Lage zu verbessern, und der Plan, den er nun in seinem Himmelsleben mit triumphierendem Erfolg und liebevoller Aufmerksamkeit für jede kleinste Einzelheit ausarbeitete, war etwas, was ihm schon auf der Erde oft in den Sinn kam, wenn es ihm dort auch völlig unmöglich gewesen war, irgendwelche Schritte zu dessen Verwirklichung zu unternehmen.

Sein Plan war es gewesen, er könnte, wenn er im Besitz eines sehr großen Vermögens wäre, den ganzen Handel in einer der kleineren Branchen, in der gegenwärtig vielleicht nur drei oder vier große Firmen tätig waren, aufkaufen und in seine Hände bringen. Er glaubte, er würde dadurch große Ersparnisse machen können, da er auf groß angelegte Reklamen und andere in der Geschäftskonkurrenz übliche kostspielige Maßnahmen verzichten könnte. Er würde dadurch in der Lage sein, wenn er dem Publikum die Waren zum gleichen Preis wie bisher lieferte, seinen Arbeitern viel höhere Löhne zu zahlen. Es gehörte auch zu seinem Plan, dass er ein großes Stück Land kaufen wollte, um darauf Häuser für seine Arbeiter zu errichten, jedes von einem kleinen Garten umgeben. Nach einer bestimmten Anzahl von Dienstjahren sollte jeder Arbeiter einen Anteil am Gewinn des Geschäftes erhalten, der ausreichen würde, um seine Bedürfnisse im Alter zu sichern. Durch die Ausführung dieses Systems hatte unser Philanthrop gehofft, der Welt zu zeigen, dass das Christentum auch eine hervorragend praktische Seite habe und außerdem so die Seelen seiner Arbeiter für seinen religiösen Glauben zurückzugewinnen seien, aus Dankbarkeit für die empfangenen materiellen Wohltaten.

Ein anderer, nicht unähnlicher Fall war der eines indischen Prinzen, dessen Idealgestalt auf Erden der göttliche Heldenkönig Rama gewesen war, nach dessen Beispiel er sein Leben und seine Regierungsmethode einzurichten versucht hatte. Natürlich gab es hier unten auf Erden alle möglichen unvorhergesehenen Hindernisse, und viele seiner Pläne waren daher misslungen, aber im Himmelsleben ging alles gut, und die größtmöglichen Ergebnisse folgten jeder seiner wohlgemeinten Bemühungen, wobei ihn Rama natürlich persönlich in seiner Arbeit beriet und diese leitete, während ihm von seinen Untertanen ständige Verehrung entgegengebracht wurde.

Ein sonderbares, ja rührendes Beispiel persönlichen religiösen Wirkens war das einer Frau, die eine Nonne gewesen war, und zwar nicht in einem kontemplativen, sondern in einem der weltlichen Orden. Sie hatte ihr Leben offenbar auf den Satz gegründet: »Was ihr einem der Geringsten unter meinen Brüdern getan habt, das habt ihr mir getan!« Auch in der Himmelswelt führte sie immer noch in vollstem Maße die Gebote ihres Herrn aus und war ständig beschäftigt, Kranke zu heilen, Hungrige zu nähren und Arme zu kleiden und ihnen zu helfen. Das Besondere ihres Falles war dabei, dass jeder von denen, welchen sie auf solche Art diente, sofort die Gestalt Christi annahm, den sie dann mit inbrünstiger Hingabe anbetete.

Ein erhellender Fall war auch der von zwei Schwestern, die beide sehr religiös gewesen waren. Eine von ihnen war verkrüppelt und gebrechlich gewesen, und die andere hatte sie während eines langen Lebens gepflegt. Auf Erden hatten sie oft miteinander darüber gesprochen und Pläne geschmiedet, was für religiöse und philanthropische Werke sie ausführen würden, wenn sie dazu fähig wären, und jetzt ist jede von ihnen die Hauptfigur im Himmelsleben der anderen, die Verkrüppelte ist dabei gesund und stark, und jede der beiden stellt sich vor, dass die andere vereint mit ihr die unverwirklichten Pläne ihres Erdenlebens ausführt. Dies war ein sehr schönes Beispiel für die ruhige Kontinuität des Lebens bei Menschen mit selbstlosen Zielen, denn der einzige Unterschied, den der Tod bewirkte, war der, dass er Krankheit und Leiden ausgeschaltet und die Arbeit leicht gemacht hatte, die für sie bisher undurchführbar gewesen war.

Auf dieser Ebene findet auch der höhere Typus aufrichtiger, hingebungsvoller Missionsarbeit seinen Ausdruck. Ein gewöhnlicher unwissender Fanatiker erreicht natürlich niemals diese Ebene, aber einzelne der edelsten Fälle, wie zum Beispiel Albert Schweitzer, könnten hier aufgefunden werden, mit der ihnen zusagenden Arbeit befasst, große Mengen von Menschen zu der besonderen Religion zu bekehren, die sie im vergangenen Leben vertraten. Eines der auffallendsten Beispiele, das uns zur Kenntnis kam, war das eines Muslims, der sich vorstellte, die ganze Welt zu bekehren und nach den bewährtesten Grundsätzen des Islam zu regieren.

Es scheint, dass unter bestimmten Umständen künstlerische Fähigkeiten ihre Träger auch auf diese Unterebene bringen können, aber es muss hier sorgfältig unterschieden werden. Der Künstler oder Musiker, dessen einziges Ziel das egoistische Vermehren persönlichen Ruhmes ist oder der sich gewohnheitsmäßig von Gefühlen beruflicher Eifersucht beeinflussen lässt, erzeugt natürlich keine Kräfte, die ihn überhaupt auf die Mentalebene bringen können. Jene hohe Kunst andererseits, deren Jünger sie als eine mächtige Kraft betrachten, die ihnen zur geistigen Erhebung ihrer Mitmenschen anvertraut ist, wird sich in noch höheren Regionen auswirken als in dieser. Aber zwischen diesen beiden Extremen können jene Jünger der Kunst, die sie um ihrer selbst willen betreiben oder die sie als ein Opfer für ihre Gottheit betrachten, ohne je an die Wirkung zu denken, die sie auf ihre Mitmenschen ausüben, in einigen Fällen den ihnen angemessenen Himmel auf dieser Unterebene finden.

Als Beispiel kann ein Musiker von sehr religiösem Temperament erwähnt werden, der sein ganzes Liebesbemühen nur als ein Opfer an Christus betrachtete und keine Ahnung von dem großartigen Ineinanderwirken von Klang und Farbe hatte, das seine zur Seele dringenden Kompositionen in der Materie der Mentalebene verursachten. Sein Enthusiasmus war darum weder vergeudet noch fruchtlos, denn auch ohne dieses Wissen brachte er vielen Freude und Hilfe, und das Ergebnis wird sicher sein, dass ihm in seiner nächsten Inkarnation verstärkte Frömmigkeit und erhöhte musikalische Fähigkeiten verliehen werden. Aber ohne ein noch weitergehendes Bestreben, der Menschheit zu helfen, kann sich ein Himmelsleben dieser Art unabsehbar in gleicher Weise wiederholen.

Auf die drei Unterebenen, die wir bisher besprochen haben, zurückblickend, können wir in der Tat feststellen, dass sie in allen Fällen mit der Auswirkung von Hingabe zu tun haben, die sich auf Persönlichkeiten richtete – entweder auf Familie und Freunde oder auf eine persönliche Gottheit, nicht aber mit der weiterreichenden Hingabe an die Menschheit um ihretwillen, die ihre Auswirkung auf der nächsthöheren Unterebene findet.

Die vierte Unterebene – der vierte Himmel

Die Betätigungen auf dieser höchsten Formenwelt sind so vielfältig, dass es schwierig ist, sie durch ein einziges charakteristisches Merkmal zu kennzeichnen. Es wird vielleicht besser sein, sie in vier Hauptgruppen einzuteilen, nämlich uneigennütziges Streben nach spiritueller Erkenntnis, hohes philosophisches oder wissenschaftliches Denken, uneigennützig ausgeübte literarische oder künstlerische Fähigkeit sowie Dienst um des Dienstes willen. Die genaue Charakterisierung dieser Gruppen wird leichter verstanden werden, wenn Beispiele jeder Einzelnen gegeben worden sind.

Der größte Teil der Bewohner dieser Unterebene kommt naturgemäß aus Religionen, in denen die Notwendigkeit, spirituelle Erkenntnisse zu erlangen, anerkannt wird. Man wird sich erinnern, dass wir auf der sechsten Unterebene viele Buddhisten antrafen, deren Religiosität vorwiegend die Form der Verehrung ihres großen Führers angenommen hatte. Hier hingegen finden wir jene Intelligenteren seiner Anhänger, deren Hauptverlangen es war, zu seinen Füßen zu sitzen und zu lernen, und die ihn mehr als Lehrer betrachtet hatten denn als eine anzubetende Wesenheit. In ihrem Himmelsleben wird ihnen nun dieser höchste Wunsch erfüllt, sie finden sich tatsächlich als Lernende vor dem Buddha, und das Bild, welches sie sich von ihm gemacht haben, ist keine leere Form, sondern es strahlt durch dasselbe tatsächlich die wunderbare Weisheit, Kraft und Liebe dieses machtvollsten Lehrers der Erde aus. Sie erlangen daher neue Kenntnisse und erweiterte Ausblicke, und der Einfluss auf ihr nächstes Leben wird prägend sein. Sie werden sich vielleicht an keine bestimmten Tatsachen erinnern, die sie erfahren haben mögen (wenn ihnen jedoch solche Tatsachen in einem folgenden Leben bekannt werden, dürften sie dieselben begierig erfassen und intuitiv deren Wahrheit erkennen), aber die Belehrungen werden zum Ergebnis haben, dass sich im Ego eine starke Neigung zu einer weitblickenderen und philosophischeren Betrachtungsweise solcher Themen ausbildet. Es ist leicht ersichtlich, wie entschieden und unverkennbar ein derartiges Himmelsleben die Entwicklung des Egos beschleunigt, und dies lenkt unsere Aufmerksamkeit neuerlich auf den großen Vorteil, den jene haben, die sich der Führung durch einen echten, lebenden, kraftvollen Lehrer anvertraut haben.

Einen weniger hoch entwickelten Typus findet man in jenen Fällen, wo ein wirklich großer spiritueller Schriftsteller für einen Studierenden zu einer lebendigen Persönlichkeit wird und zur Gestaltung eines Freundes geworden ist, der einen Teil des mentalen Lebens des Studierenden erfüllt, als eine Idealfigur in seinen grübelnden Träumereien. Ein solcher kann im Himmelsleben des Schülers erscheinen, durch die Kraft seiner eigenen hoch entwickelten Seele das Gedankenbild, das der Schüler von ihm geschaffen hat, beleben und unter diesen günstigeren Umständen die in seinen Büchern enthaltenen Lehren weiter erhellen und verborgene Bedeutungen erläutern.

Viele Hindus, die den Pfad der Weisheit gehen, finden ihren Himmel auf dieser Ebene, das heißt, sofern ihre Lehrer Menschen waren, die wirkliches Wissen besaßen. Auch einige weiter Fortgeschrittene unter den Sufis und Parsen sind hier, und immer noch sind einige der alten Gnostiker in dieser Sphäre zu finden, deren geistige Entwicklung von solcher Art war, dass sie ihnen einen verlängerten Aufenthalt in dieser himmlischen Region bescherte. Aber mit Ausnahme dieser kleinen Zahl von Sufis und Gnostikern scheinen weder der Islam noch das Christentum seine Anhänger zu dieser Höhe zu erheben, wenn auch einige, die dem Namen nach zu diesen Religionen gehören, durch das Vorhandensein von Eigenschaften in ihrem Charakter, die nicht auf die besonderen Lehren dieser Religionen zurückzuführen sind, zu dieser Unterebene emporgetragen werden können.

In dieser Sphäre finden wir auch ernste und ergebene Schüler der esoterischen Lehre, die noch nicht so weit fortgeschritten sind, dass sie das Recht und die Macht erlangt haben, auf ihr Himmelsleben um des Wohles der Welt zu verzichten. Unter diesen befand sich ein buddhistischer Mönch, der in seinem Leben einigen unserer Forscher persönlich bekannt gewesen war – er hatte sich auch ernstlich mit dem Studium der Theosophie befasst und lange Zeit die Hoffnung gehegt, eines Tages das Vorrecht zu erlangen, unmittelbare Unterweisung von den Meistern zu erhalten. In seinem Himmelsleben war der Buddha die hervorragendste Gestalt, während jene beiden Meister, die sehr eng mit der Theosophischen Gesellschaft verbunden waren, als dessen Stellvertreter erschienen, die seine Lehren erklärten und erläuterten. Diese drei Gestalten waren voll der Kraft und Weisheit der großen Wesenheiten, die sie darstellten, und der Mönch erhielt daher eine echte Belehrung über esoterische Zusammenhänge, deren Wirkung ihn in seiner nächsten Geburt nahezu mit Sicherheit tatsächlich auf den Pfad der Einweihung führen wird.

Ein anderes Beispiel aus unseren Reihen, dem wir auf dieser Ebene begegneten, zeigt die furchtbare Wirkung, die es hat, wenn man einen unbegründeten, lieblosen Verdacht gegen andere hegt. Dieser Fall betraf eine aufopfernde und ergebene Schülerin, die gegen Ende ihres Lebens unglücklicherweise in eine Haltung unwürdigen und grundlosen Misstrauens in die Beweggründe ihrer alten Lehrerin und Freundin Helena Blavatsky verfallen war, und es war betrüblich zu bemerken, wie dieses Gefühl in beträchtlichem Maß den höheren Einfluss und die Belehrungen, deren sie sich in ihrem Himmelsleben hätte erfreuen können, ausschloss. Es war nicht so, dass dieser Einfluss und diese Belehrungen ihr in irgendeiner Weise vorenthalten worden wären, denn das kann gar nicht geschehen; aber ihre eigene mentale Haltung machte sie in gewissem Maße unempfänglich für dieselben. Sie war sich dessen natürlich in keiner Weise bewusst, und es schien ihr, sie erfreue sich vollster Verbindung mit den Meistern, aber für die Forscher war es völlig klar, dass sie ohne diese unglückselige Selbstbeschränkung weit größeren Nutzen aus ihrem Aufenthalt auf dieser Ebene hätte ziehen können. Ein fast unbegrenztes Maß an Liebe, Kraft und Wissen lag vor ihr, aber ihre Undankbarkeit hatte in betrüblicher Weise ihre Fähigkeit eingeschränkt, es in sich aufzunehmen.

Da es außer jenen, die mit unserer eigenen Bewegung verbunden sind, auch noch andere Meister der Weisheit und andere esoterische Schulen gibt, die in derselben allgemeinen Richtung wirken, trifft man verständlicherweise auch manche von diesen oft auf dieser Unterebene.

Wenn wir zur nächsten Klasse gehen, jener eines hohen philosophischen und wissenschaftlichen Denkens, finden wir hier manche jener edleren und uneigennützigeren Denker, die nur zu dem Zweck Wissen und Erkenntnis suchen, um ihre Mitmenschen aufzuklären und ihnen zu helfen. Wir zählen dabei nicht solche Menschen zu den philosophischen Forschern und Gelehrten, die, sei es im Osten oder im Westen, ihre Zeit mit bloßen Wortklaubereien und Haarspaltereien vergeuden, denn das ist eine Form der Erörterung, die in Selbstsucht und Eigendünkel wurzelt und daher niemals zu einem wahren Verständnis der Tatsachen im Universum führen kann. Solche törichte Oberflächlichkeit erzeugt natürlich auch keine Ergebnisse, die sich auf der Mentalebene auszuwirken vermögen.

Als Beispiel eines ernsten Gelehrten, den wir auf dieser Ebene bemerkten, können wir aber einen der späteren Anhänger des Neuplatonismus erwähnen, dessen Name glücklicherweise in den erhalten gebliebenen Berichten aus jener Zeit bewahrt worden ist. Er hatte sich sein ganzes Erdenleben hindurch bemüht, die Lehren dieser Schule zu beherrschen, und er war nun während seines Himmelslebens damit beschäftigt, ihre Geheimnisse zu enthüllen und sich zu bemühen, ihre Bedeutung für Leben und Entwicklung der Menschen zu verstehen.

Ein anderer Fall war der eines Astronomen, der sein Leben als orthodoxer Christ begonnen zu haben schien, seine Ansichten aber unter dem Einfluss seiner Studien zum Pantheismus erweitert hatte. In seinem Himmelsleben betrieb er immer noch mit einem Geist voller Ehrfurcht diese Studien und empfing dabei ohne Zweifel wahres Wissen von den großen Ordnungen der Devas, durch die sich die majestätische zyklische Bewegung der mächtigen Gestirnseinflüsse auf dieser Ebene in ewig wechselndem Aufblitzen alles durchdringenden Lichtes auszudrücken scheint. Er

76

war in die Betrachtung eines ungeheuren Panoramas wirbelnder Sternennebel und allmählich sich bildender Weltsysteme versunken, und es schien, als ob er danach suche, eine ungefähre Vorstellung von der Gestalt des Universums zu gewinnen, das er sich wie ein ungeheures Tier vorstellte. Seine Gedanken umgaben ihn als sternförmige Elemental-Gestalten, und eine besondere Freude fand er darin, dem erhabenen Rhythmus der Musik zu lauschen, die in mächtigen Chorälen von den Bahnen der Gestirne tönte.

Der dritte Typus einer Betätigung auf dieser Ebene ist jene höchste Art künstlerischer und literarischer Bestrebungen, die vorwiegend von dem Wunsch inspiriert werden, das Menschengeschlecht zu heben und zu vergeistigen. Hier finden wir alle unsere größten Musiker: Mozart, Beethoven, Bach, Wagner und andere überfluten die Himmelswelt immer noch mit Harmonien, die weit großartiger sind als das Größte, was sie schaffen konnten, als sie noch auf Erden waren. Es scheint so, als ob ein großer Strom göttlicher Musik sich aus höheren Regionen auf sie ergießen würde, den sie sozusagen spezialisieren und sich zu eigen machen, um ihn dann als eine große Flut von Melodien in diese ganze Ebene hinauszusenden, welche die Glückseligkeit aller noch erhöht. Wer mit vollem Bewusstsein auf der Mentalebene tätig ist, hört dieses großartige Ausströmen ganz klar und kann es vollauf würdigen, aber auch die entkörperten Wesenheiten auf dieser Ebene, von denen eine jede in ihre eigene Gedankenwolke eingehüllt ist, werden von dem erhebenden und veredelnden Einfluss des Widerhalles dieser Melodien tief berührt.

Auch Maler und Bildhauer sind hier, sofern sie mit ihrer Kunst immer ein großes, selbstloses Ziel verfolgen, ständig damit befasst, anmutige Formen aller Art zu gestalten und diese zur Freude und Ermutigung ihrer Mitmenschen in den Raum zu senden. Diese Formen sind einfach durch Gedankenkraft geschaffene künstliche Elementale; und diese Schöpfungen ihrer Vorstellungskraft bringen nicht nur jenen tiefe Freude, die ganz auf der

Mentalebene leben, sondern sie können in vielen Fällen auch von Künstlern, die noch auf der Erde leben, wahrgenommen werden. Sie können bei ihnen als Inspirationen wirken und so hier unten zur Erhebung und Veredelung jenes Teiles der Menschheit reproduziert werden, der sich inmitten des unruhigen Getriebes des physischen Lebens müht und abkämpft.

Eine rührend schöne Gestalt, die wir auf dieser Ebene sahen, war die eines Knaben, der ein Chorsänger gewesen und im Alter von vierzehn Jahren gestorben war. Seine ganze Seele war voller Musik und kindlicher Hingabe an seine Kunst und dabei durchdrungen von dem Gedanken, dass er dadurch das religiöse Sehnen einer großen, in einer Kathedrale versammelten Menschenmenge zum Ausdruck bringe und gleichzeitig himmlische Ermutigung und Inspiration auf sie ausströme. Von der großen Gabe seines Gesanges abgesehen, hatte er nur über wenig Wissen verfügt, aber diese Gabe hatte er würdig verwertet, indem er versuchte, die Stimme der Menschen zum Himmel und die Stimme des Himmels zu den Menschen zu sein. Auch indem er sich bemühte, immer mehr Kenntnisse von der Musik zu erlangen und sie um der Kirche willen immer würdiger wiederzugeben. So trug dieser Wunsch nun im Himmelsleben seine Früchte, über ihn neigte sich die seltsame engelartige Gestalt einer mittelalterlichen Hl. Cäcilia, von seinen liebenden Gedanken einem Bild in einem bunten Kirchenglasfenster nachgeformt. Aber wenn auch das äußere Gewand auf diese Weise eine wenig künstlerische Darstellung einer zweifelhaften kirchlichen Legende war, so war die Wirklichkeit dahinter lebendig und wunderbar; denn die kindliche Gedankenform wurde von einem der mächtigen Erzengel der himmlischen Hierarchie des Gesanges belebt, der den kleinen Chorsänger durch sie eine weit erhabenere Art von Musik lehrte, als sie jemals auf Erden bekannt war.

Auch einer der Misserfolge der Erde befand sich hier, denn die Tragödie des Erdenlebens hinterlässt selbst in himmlischen Bereichen manchmal sonderbare Zeichen. In dieser Welt, jedem Gedanken geliebter Menschen freundlich zulächelnd, dachte und schrieb er in völliger Einsamkeit. Auf Erden hatte er danach gestrebt, ein großes Buch zu schreiben, und um dieses Strebens willen hatte er sich geweigert, seine literarische Begabung dazu zu benützen, um aus bloß unbedeutender Tagesjournalistik seinen Lebensunterhalt zu verdienen; aber niemand wollte sein Buch ansehen, und er wanderte in Verzweiflung durch die Straßen, bis Leid und Hunger seine irdischen Augen schlossen. Er war sein ganzes Leben hindurch einsam gewesen – in seiner Jugend hatte er weder Freunde noch nähere Angehörige gehabt, und als Erwachsener hatte er nur auf seine eigene Art zu arbeiten vermocht und alle Helfer zurückgestoßen, die ihn zu einem weiteren Blick für die Möglichkeiten des Lebens hätten führen können, als es das irdische Paradies war, das er für alle zu schaffen wünschte.

Während er jetzt nachdachte und schrieb, war wohl niemand da, den er als persönlichen oder geistigen Freund geliebt hatte und der so zu einem Teil seines mentalen Lebens hätte werden können. Aber er sah das utopische Land vor sich ausgebreitet, von dem er geträumt und für das er zu leben versucht, und die zahllose sich drängende unpersönliche Menschenmenge, der er zu dienen gewünscht hatte, und die Freude über ihre Freude wogte zu ihm zurück und machte seine Einsamkeit zu einem Himmel. Wenn er auf Erden wiedergeboren wird, dann wird er sicherlich nicht nur mit der Kraft zu planen zurückkehren, sondern auch mit der Kraft, das Geplante durchzuführen, und seine himmlische Vision wird teilweise in glücklicheren Erdenleben Form annehmen.

Auf dieser Ebene wurden auch viele gefunden, die sich während ihres Erdenlebens der Hilfe für ihre Mitmenschen gewidmet hatten, weil sie die Bande der Bruderschaft fühlten, die mehr um des Dienens willen gedient hatten, als einer bestimmten Gottheit wohlgefällig zu sein. Diese waren hier damit beschäftigt, mit vollem Wissen und ruhiger Weisheit umfassende Systeme der Wohltätigkeit und großartige Pläne zur Verbesserung der Welt auszuarbeiten, und zur gleichen Zeit ließen sie in sich die Kräfte reifen, sie später auf der niedrigeren Ebene des physischen Lebens auszuführen.

Die Wirklichkeit des Himmelslebens

Kritiker, welche die Lehren der Theosophie über das Leben nach dem Tod nur unvollkommen erfasst haben, wenden manchmal ein, das Leben eines Durchschnittsmenschen in der Welt des niederen Himmels sei nichts als ein Traum und eine Illusion, und wenn er sich dort beglückt im Kreise seiner Familie und seiner Freunde fühle oder mit einer solchen Fülle von Freude und Erfolg seine Pläne ausführe, dann sei er in Wirklichkeit das Opfer einer grausamen Täuschung, und dies wird dann manchmal missgünstig der »sicheren Objektivität« des vom orthodoxen Christentum versprochenen Himmels gegenübergestellt.

Die Antwort auf solche Einwendungen ist eine zweifache: Erstens kommt es, wenn wir die Probleme des zukünftigen Lebens studieren, nicht darauf an, welche von zwei Hypothesen, die uns geboten werden, die angenehmere wäre (denn das ist schließlich eine Frage der persönlichen Ansicht), sondern welche davon die richtige ist. Zweitens werden wir, wenn wir die Tatsachen näher untersuchen, erkennen, dass die Vertreter der Illusionstheorie die Frage von einem ganz falschen Gesichtspunkt aus betrachten und die Tatsachen gänzlich missverstanden haben.

Was nun den ersten Punkt betrifft, so ist der wirkliche Tatbestand durch Menschen, welche die Fähigkeit erlangt haben, während ihres Erdenlebens bewusst in die Mentalebene einzutreten, leicht zu ermitteln, und ihre Forschungen stimmen vollauf mit den Lehren überein, die uns von den Meistern der Weisheit gelehrt wurden. Dies räumt sofort die oben erwähnte Theorie »sicherer Objektivität« aus dem Weg und legt die Beweislast auf die Schultern unserer orthodoxen Freunde.

Bezüglich des zweiten Punktes können wir, wenn der Einwand dahin geht, dass auf den niederen Ebenen der Himmelswelt dem Menschen die volle Wahrheit noch nicht erkenntlich ist und dort folglich noch Täuschungen bestehen, nur offen zugeben, dass dies so ist. Aber das ist nicht das, was jene, die diesen Einwand vorbringen, gewöhnlich meinen. Sie fühlen sich meistens von dem Gefühl bedrückt, dass das Himmelsleben noch illusorischer und nutzloser sein werde als das physische – aber keine Vorstellung könnte den Tatsachen mehr widersprechen als diese.

Es wird behauptet, dass wir, da wir auf dieser Ebene uns unsere eigene Umgebung schaffen, nur einen sehr kleinen Teil der ganzen Ebene sehen. Aber auch hier unten ist die Welt, deren sich ein Mensch bewusst ist, nicht die ganze äußere Welt, sondern nur so viel davon, als seine Sinne, sein Intellekt und seine Bildung ihm zu erfassen erlauben. Es ist offensichtlich, dass die Vorstellung, die sich ein Durchschnittsmensch von all dem macht, was ihn umgibt, eine ganz falsche ist – sie ist leer, unvollkommen und in vielfältiger Weise ungenau. Was weiß er wirklich von den großen ätherischen, astralen und mentalen Kräften, die hinter allem und jedem liegen, was er sieht, und die in Wirklichkeit den weitaus wichtigsten Teil dieser Dinge bilden? Was weiß er in der Regel selbst von den weniger bekannten physikalischen Fakten, die ihn umgeben und ihm bei jedem seiner Schritte begegnen? Die Wahrheit ist, dass er sowohl hier als auch in seinem Himmelsleben in einer Welt lebt, die zum großen Teil seine eigene Schöpfung ist. Er ist sich dessen nicht bewusst, weder dort noch hier, aber das ist nur durch seine Unwissenheit bedingt – er weiß es nicht besser.

Es wird gesagt, dass der Mensch in der Himmelswelt seine Gedanken für wirkliche Dinge hält. Aber damit hat er ganz recht, sie sind wirkliche Dinge, und auf dieser Gedankenebene kann nichts anderes als ein Gedanke wirklich sein. Dort erkennen wir diese wichtige Tatsache – hier tun wir dies nicht, auf welcher Ebene ist also die Täuschung größer? Diese Gedanken sind tatsächlich Wirklichkeiten und können die bemerkenswertesten Wirkungen auf lebende Menschen ausüben – Wirkungen, die stets nur wohltätig sein können, denn auf dieser hohen Ebene kann es nur liebende Gedanken geben.

Daraus ist zu ersehen, dass die Theorie, das Himmelsleben sei eine Illusion, nur die Folge eines Missverständnisses ist und eine mangelhafte Kenntnis seiner Zustände und Möglichkeiten verrät. Die Wahrheit ist, dass wir der *einen Wirklichkeit* umso näher kommen, je höher wir steigen.

Es wird dem Anfänger vielleicht helfen zu verstehen, wie real und völlig natürlich der höhere Abschnitt eines Menschenlebens ist, wenn er ihn einfach als die Folge des früheren Abschnittes ansieht, den er auf den beiden niederen Ebenen verbrachte. Wir alle wissen, dass unsere höchsten Ideale sich nie verwirklichen, dass sie hier auf Erden nie volle Früchte tragen. Danach würde es scheinen, dass manche Anstrengungen fruchtlos, manche Kräfte verloren waren. Aber wir wissen, dass das nicht sein kann, denn das Gesetz von der Erhaltung der Energie gilt auf den höheren Ebenen genauso wie auf den niederen. Ein großer Teil der höheren spirituellen Energie, die ein Mensch ausstrahlt, kann auf ihn während seines Erdenlebens nicht zurückwirken, denn solange seine höheren Prinzipien nicht von der Last des Fleisches befreit sind, sind sie nicht in der Lage, auf diese weit feineren und zarteren Schwingungen zu reagieren. Im Himmelsleben ist dieses Hindernis zum ersten Mal beseitigt, und die angesammelte Energie strömt sofort hervor als jene unausbleibliche Reaktion, die das Gesetz ewiger Gerechtigkeit verlangt. Der Dichter Browning hat es in unvergleichlich schöne Worte gekleidet:

Nichts Gutes je vergeht. Was war, wird wieder leben,
Das Böse nur erlischt, wie in der Stille Klang.
Das Gute bleibt, vermehrt durch umgewandelt Übel;
Hier nur zerbrochener Ring, dort voll geschlossener Kreis.
Und leben wird, was je wir Gutes wollten, träumten,
Nicht Gleichnis mehr, doch selbst lebend'ger Schönheit Macht!
Schwand hier sie hin, so lebt und klingt sie voller drüben,
Wenn dort verewigt wird, was hier nur Stunden währt.
Was hier im Hochflug stürzt, des Helden edler Mut,
Die Herzensglut, die frei zum Allerhöchsten schwebte,
Sie tragen Melodien zu Gott aus Menschenherzen,
Und hört nur Er sie erst, vernehmen wir sie einst.

Ein weiterer Punkt, der wert ist, in Betracht gezogen zu werden, ist der, dass dieses System, nach welchem die Natur das Leben nach dem Tode eingerichtet hat, das einzig denkbare ist, durch das der Zweck erfüllt werden kann, jeden so glücklich zu machen, wie seine Fähigkeit zum Glücklichsein es erlaubt. Wenn die Seligkeit im Himmel nur von einer und derselben besonderen Art wäre, wie nach der orthodoxen Theorie der Kirchen, so würde es notwendigerweise manche geben, die dessen müde würden, und manche, die unfähig wären, daran teilzunehmen, entweder weil sie keinen Geschmack an dieser besonderen Art fänden oder weil es ihnen an der entsprechenden Vorbildung ermangelte – ganz zu schweigen von der anderen offenkundigen Tatsache, dass dies eine ungeheure Ungerechtigkeit bedeuten würde, wenn dieser Zustand ein ewiger wäre, da praktisch allen, die eintreten, der gleiche Lohn zuteil würde, gleichgültig welche Verdienste die Einzelnen aufweisen.

Wie könnte auch eine andere Art der Einrichtung hinsichtlich der Verwandten und Freunde gleich befriedigend sein? Wenn der Verstorbene die wechselnden Schicksale seiner Freunde auf Erden verfolgen könnte, dann würde Seligkeit für ihn unmöglich sein. Wenn er andererseits, ohne zu wissen, wie es ihnen ergeht, bis zum Tod dieser Freunde warten müsste, ehe er ihnen wieder begegnet, dann würde dies eine schmerzvolle Zeit der Ungewissheit bedeuten, die sich oft über viele Jahre erstrecken würde, und in vielen Fällen würden diese Freunde so verändert ankommen, dass sie ihm gar nicht mehr sympathisch sein würden.

Durch das von der Natur so weise eingerichtete System aber werden alle diese Schwierigkeiten vermieden. Der Mensch selbst bestimmt die Länge und die Art seines Himmelslebens durch die Ursachen, die er während seines Erdenlebens setzt; daher kann er auch nur genau das Maß erhalten, das er verdient hat, und genau die Art von Freude, die seiner Eigenart entspricht. Jene, die er am meisten liebte, hat er ständig um sich und sieht sie stets von ihrer edelsten und besten Seite. Kein Schatten von Uneinigkeit oder Wandel kann je dazwischen treten, da er von ihnen jederzeit genau das erhält, was er wünscht. In der Tat ist die Einrichtung, wie sie wirklich ist, bei weitem besser als alles, was die Phantasie der Menschen an dessen Stelle bieten könnte. Das ist auch nicht anders zu erwarten, denn alle diese Spekulationen wären ja die Vorstellungen von Menschen gewesen, wie man es am besten einrichten könnte – die Wirklichkeit aber ist die Vorstellung Gottes.

Der Verzicht auf den Himmel

Schüler der esoterischen Philosophie wissen schon lange, dass zu den Möglichkeiten eines schnelleren Fortschrittes, die sich dem Menschen bieten, wenn er weiter fortschreitet, auch »der Verzicht auf den Lohn des Devachan« gehört, wie man dies genannt hat, das heißt der Verzicht auf das Leben voll Seligkeit in der Himmelswelt zwischen zwei Inkarnationen, um schneller wiederzukommen und die Arbeit auf der physischen Ebene weiterzuführen. Der zitierte Satz ist nicht sehr gut ausgedrückt, denn wir würden zu einem richtigeren Verständnis des Himmelslebens gelangen, wenn wir es mehr als die notwendige Wirkung des Erdenlebens ansehen würden als dessen Lohn. Im Laufe seines physischen Daseins setzt der Mensch durch seine höheren Gedanken und Bestrebungen etwas in Bewegung, was man als ein bestimmtes Maß an spiritueller Kraft bezeichnen kann, das auf ihn zurückwirkt, wenn er die Mentalebene erreicht. Wenn die Menge der Kraft klein ist, wird sie bald erschöpft und sein Himmelsleben nur kurz sein. Wenn aber eine große Menge von Kraft erzeugt wurde, wird ein entsprechend langer Zeitraum für ihre Auswirkung nötig sein; und das Himmelsleben wird sehr viel länger dauern.

In dem Maß, in dem der Mensch sich spirituell entwickelt, werden seine Leben in der Himmelswelt daher länger werden, aber man darf nicht annehmen, dass sein Fortschritt dadurch verzögert wird oder seine Möglichkeiten, nützlich zu sein, sich dadurch verringern. Außer für sehr weit fortgeschrittene Personen, ist das Himmelsleben unbedingt notwendig, da nur unter diesen Bedingungen ihre Bestrebungen in Fähigkeiten und ihre Erfahrungen in Weisheit weiterentwickelt werden können. Der Fortschritt, den die Seele dadurch macht, ist weit größer, als er sein würde, wenn sie durch irgendein Wunder imstande sein würde, die ganze Zeit in physischer Verkörperung zu bleiben. Wäre es anders, dann würde offensichtlich das ganze Naturgesetz sich selbst unwirksam machen, denn je mehr es sich dem Erreichen seines großen Zieles nähert, desto entschiedener und machtvoller würden seine Anstrengungen sein, sich selbst zunichte zu machen. Das wäre kaum eine vernünftige Auffassung von einem Gesetz, von dem wir wissen, dass es der Ausdruck der erhabensten Weisheit ist.

Die Möglichkeit, auf dieses Himmelsleben Verzicht zu leisten, liegt keineswegs für jeden im Bereich der Möglichkeit. Das große Gesetz gestattet es keinem Menschen, blind auf etwas zu verzichten, das er nicht kennt, oder vom normalen Verlauf der Entwicklung abzuweichen, wenn und solange es nicht sicher ist, dass ein solches Abweichen zu seinem schließlichen Besten führt.

Die allgemeine Regel lautet, dass niemand in der Lage ist, auf die Seligkeit des Himmels zu verzichten, solange er sie nicht während seines Erdenlebens erlebt hat und nicht hinreichend entwickelt ist, um fähig zu sein, sein Bewusstsein zu dieser Ebene zu erheben und eine klare und volle Erinnerung an jene Herrlichkeit zurückzubringen, die alle irdischen Begriffe so weit übersteigt.

Etwas Nachdenken wird den Grund und die Gerechtigkeit dieser Tatsache klar machen. Man könnte sagen, da es der Fortschritt der Seele ist, um den es sich dabei in Wirklichkeit handelt, würde es genügen, wenn diese auf ihrer eigenen Ebene versteht, dass es wünschenswert sei, die himmlische Seligkeit als Opfer zu bringen. Die Seele zwingt dann ihr niederes Selbst, im Einklang mit ihrer Entscheidung zu handeln. Aber das würde kaum der strengen Gerechtigkeit entsprechen, denn obgleich der Genuss der himmlischen Seligkeit auf den Formebenen dem Ego zugehört, trifft dies nur insoweit zu, als es sich durch die Persönlichkeit manifestiert. Es ist das Leben der Persönlichkeit mit ihrer ganzen vertrauten Umgebung, das in die niedere Himmelswelt hinaufgetragen wird. Ehe ein Verzicht erfolgen kann, muss daher diese Persönlichkeit klar verstehen, was aufgegeben werden soll. Der niedere Verstand muss in dieser Angelegenheit mit dem höheren übereinstimmen.

Ein solches klares Verständnis setzt aber augenscheinlich voraus, dass ein Mensch schon während des Erdenlebens ein Bewusstsein auf der Mentalebene erlangt hat, das dem gleich ist, das er nach dem Tode haben würde. Man muss bedenken, dass die Entfaltung des Bewusstseins sozusagen von unten nach oben vor sich geht und die verhältnismäßig unentwickelte Mehrzahl der Menschen bis jetzt nur im physischen Körper wahrhaft bewusst ist. Ihre astralen Körper sind größtenteils noch ohne feste Gestalt und Organisation, obwohl schon Verbindungsbrücken zwischen dem Ego und seinem physischen Kleid bestehen. Sie sind bereits Werkzeuge für die Aufnahme von Empfindungen, aber noch in keiner Weise Instrumente in der Hand des wirklichen Menschen oder angemessene Ausdrucksmittel für seine künftigen Kräfte auf dieser Ebene.

In den fortgeschritteneren Mitgliedern der Menschheit finden wir den Astralkörper schon viel ausgeprägter entwickelt, und das Bewusstsein in ihm ist potenziell schon recht weit entfaltet, aber auch hier ist der Mensch in den meisten Fällen völlig ich-zentriert, nur seiner eigenen Gedanken bewusst, aber nur wenig seiner tatsächlichen Umgebung. Ergänzend ist zu sagen, dass einige wenige von denen, die das Studium der Esoterik aufgenommen haben, auf dieser Ebene regelrecht erweckt wurden, dadurch zum vollen Gebrauch ihrer astralen Fähigkeiten gelangt sind und so in verschiedenster Weise großen Nutzen daraus ziehen.

Daraus folgt aber nicht notwendigerweise, dass sich solche Menschen gleich von Anbeginn oder selbst nach beträchtlicher Zeit auf der physischen Ebene an ihre Tätigkeiten und Erfahrungen im Astralleben erinnern. In der Regel tun sie dies zwar bruchstückweise und mit Unterbrechungen, aber es gibt Fälle, in denen so gut wie nichts, was man eine Erinnerung an dieses höhere Dasein nennen könnte, seinen Weg in das physische Gehirn findet.

Jede Art von klarem Bewusstsein auf der Mentalebene zeigt natürlich einen noch größeren Fortschritt an, und falls ein Mensch sich normal und regelmäßig entwickelt, wäre zu erwarten, dass ein solches Bewusstsein erst aufdämmert, wenn die Verbindung zwischen dem Astralen und dem Physischen schon ziemlich gut funktioniert. Aber in diesen einseitigen und natürlichen Zuständen, die wir moderne Zivilisation nennen, entwickeln sich die

Menschen nicht immer ganz regelmäßig und normal, und so gibt es Fälle, in denen ein Mensch schon beträchtliches Bewusstsein auf der Mentalebene erlangt hat und richtig mit dem Astralleben verbunden ist, aber doch keine Kenntnis von diesem ganzen höheren Dasein jemals bis ins physische Gehirn durchdringt.

Derartige Fälle sind selten, aber sie kommen vor, und sie bilden eine Ausnahme von unserer Regel. Eine Persönlichkeit dieser Art kann schon hinreichend entwickelt sein, um die unbeschreibliche Seligkeit des Himmels zu empfinden und so das Recht zu erwerben, auf sie zu verzichten, obwohl sie die Erinnerung daran nicht weiter herunterzubringen vermag als in ihr astrales Leben. Aber da in diesem angenommenen Fall das astrale Leben für die Persönlichkeit ein solches voller Bewusstsein sein dürfte, würde ein solches Erinnern im Astralen vollkommen genügen, um den Anforderungen der Gerechtigkeit zu entsprechen, obwohl kein Schatten von alledem jemals in das physische Wachbewusstsein durchgedrungen ist.

Der wichtige Punkt, den man im Auge behalten muss, ist der, dass mit Rücksicht darauf, dass es die Persönlichkeit ist, die verzichten muss, es auch die Persönlichkeit sein muss, welche diese Erfahrungen machen und die Erinnerung daran auf irgendeine Ebene herabbringen muss, auf der sie normal und mit vollem Bewusstsein wirkt. Diese Ebene braucht nicht die physische zu sein, wenn die erwähnten Bedingungen auf der astralen erfüllt sind. Ein solcher Fall wird allerdings nicht so leicht eintreten, außer unter jenen, die schon zumindest Probeschüler eines der Meister der Weisheit sind.

Ein Mensch, der diese große Tat vollbringen möchte, muss daher mit intensivem Ernst daran arbeiten, sich zu einem würdigen Werkzeug in den Händen derer zu machen, die der Welt helfen, er muss sich mit hingebendem Eifer in die Arbeit für das spirituelle Wohl anderer stürzen und nicht hochmütig annehmen, dass er schon einer so großen Ehre würdig sei, sondern eher bescheiden hoffen, dass sein Meister ihm vielleicht nach ein oder zwei Leben angestrengten Bemühens sagen wird, dass die Zeit gekommen ist, in der auch für ihn diese Möglichkeit gegeben ist.

Die höhere Himmelswelt

Wir wenden uns nun von den vier niederen oder Form-Ebenen der Himmelswelt ab, auf denen der Mensch in seiner zeitweiligen Persönlichkeit lebt, um die drei höheren oder formlosen (Arupa-Ebenen) zu betrachten, seine wahre und verhältnismäßig dauernde Heimat. Hier sieht er, soweit er überhaupt zu sehen vermag, alles vollkommen klar, denn er hat sich über die Täuschungen der Persönlichkeit und das verzerrende Medium des niederen Selbstes erhoben, und wenn auch sein Bewusstsein noch dumpf, traumhaft und nur wenig wach sein mag, seine Wahrnehmung ist, so beschränkt sie auch sein mag, zumindest richtig. Die Zustände des Bewusstseins sind hier so ganz anders als alles, womit wir auf Erden vertraut sind, dass alle in der Psychologie üblichen Bezeichnungen nutzlos und irreführend sind. Es ist dies der Bereich des Noumenalen im Gegensatz zum Phänomenalen genannt worden, der Bereich des Formlosen im Gegensatz zu dem des Geformten, aber es ist doch eine manifestierte Welt, und zwar eine wirkliche, wenn man sie den Unwirklichkeiten der niederen Zustände gegenüberstellt, und sie hat immer noch Formen, wie zart auch ihr Material und wie fein auch ihr Wesen sein mag.

Wenn der Abschnitt, den wir gewöhnlich das Himmelsleben nennen, vorbei ist, kommt für die Seele noch eine weitere Daseinsphase, ehe sie auf der Erde wiedergeboren wird, und wenn bei den meisten Menschen diese Phase kurz ist, dürfen wir sie nicht außer Acht lassen, wenn wir eine vollständige Vorstellung vom Himmelsleben des Menschen gewinnen wollen. Wir machen uns immer wieder ein falsches Bild vom Leben des Menschen, weil wir die Gewohnheit haben, nur einen Teil davon zu betrachten und sein wahres Ziel und Wesen gänzlich übersehen. Wir betrachten es gewöhnlich nur vom Standpunkt des physischen Körpers aus und nicht im Geringsten von dem der Seele, und das Ganze gerät dadurch völlig aus der richtigen Proportion. Jede Bewegung des Egos in diese niederen Ebenen herab und wieder zurück ist in Wirklichkeit eine große kreisförmige Bahn. Wir nehmen ein kleines Stück des unteren Bogens dieses Kreises, betrachten es als eine gerade Linie und legen seinem Anfangs- und Endpunkt eine ganz ungerechtfertigte Wichtigkeit bei, während der wirkliche Wendepunkt des Kreises uns ganz entgeht.

Betrachten wir die Sache doch für einen Augenblick so, wie sie dem wahren Menschen auf seiner eigenen Ebene erscheinen muss, sobald er beginnt, dort überhaupt klar bewusst zu sein. Dem Wunsch nach Manifestation folgend, den er in sich fühlt und der ihm durch das Gesetz der Entwicklung, das der Wille des Logos ist, eingeprägt wird, ahmt er das Tun des Logos nach, indem er sich selbst in die niederen Ebenen ergießt. Im Laufe dieses Vorganges kleidet er sich in Materie der verschiedenen Ebenen, durch die er hindurchgeht – der Reihe nach mit mentaler, astraler und physischer, immer weiter nach außen strebend. Während des ersten Abschnittes jenes kleinen Daseinsbruchstückes, das wir sein Leben nennen, ist die nach außen drängende Kraft noch stark, aber ungefähr in der Mitte desselben beginnt sich diese Kraft gewöhnlich zu erschöpfen, und das große Zurückschwingen nach innen beginnt.

Es tritt nicht etwa ein plötzlicher oder gewaltsamer Wechsel ein; denn es ist ja kein Winkel, sondern ein Teil der Kurve desselben Kreises, etwa dem sonnenfernsten Punkt in der Bahn eines Planeten entsprechend. Doch ist es der eigentliche Wendepunkt in diesem kleinen Entwicklungszyklus, wenn er auch bei uns gewöhnlich nicht in irgendeiner Weise gekennzeichnet erscheint. Im alten indischen Lebenssystem war er aber gekennzeichnet als das Ende der Haushälterperiode (Grihastha) im irdischen Dasein des Menschen.

Von diesem Zeitpunkt an sollte es nur mehr ein stetiges Einwärtswenden der ganzen Kraft des Menschen geben, und seine Aufmerksamkeit sollte sich mehr von den bloß irdischen Dingen des Lebens abwenden und auf jene der höheren Ebenen konzentrieren – und daraus ersehen wir wieder, wie ungeeignet für den wahren Fortschritt viele moderne Zustände des Lebens in Europa sind.

Der Punkt, an dem der Mensch seinen physischen Körper zurücklässt, ist kein besonders wichtiger Punkt auf diesem Bogen der Entwicklung – jedenfalls bei weitem nicht so wichtig wie die nächste Veränderung, die wir seinen Tod auf der Astralebene und seine Geburt in die Himmelswelt nennen könnten, wenn dies auch in Wirklichkeit bloß die Übertragung seines Bewusstseins aus der astralen in die mentale Materie ist, im Laufe eines und desselben stetigen Rückzuges nach innen, von dem wir schon gesprochen haben.

Das Endergebnis des Lebens wird erst erkennbar, wenn im Laufe dieses Vorganges des Rückzuges das Bewusstsein wieder im Höheren Selbst konzentriert ist, in seiner Heimat in der höheren Himmelswelt. Dann ist zu ersehen, welche neuen Eigenschaften es im Laufe dieses besonderen kleinen Zyklus seiner Entwicklung erworben hat. In diesem Zeitpunkt erlangt der Mensch auch einen Blick auf sein Leben als Ganzes. In der Seele leuchtet einen Augenblick lang das Licht eines klareren Bewusstseins auf, sie erkennt die Ergebnisse des eben vollendeten Lebens, und einiges von dem, was in ihrer nächsten Inkarnation folgen wird.

Man kann kaum sagen, dass dieser kurze Blick eine wirkliche Kenntnis der Natur der nächsten Inkarnation bedeutet, außer in einem ganz unbestimmten und allgemeinen Sinn. Zweifellos wird das Hauptziel des kommenden Lebens erkannt, aber hauptsächlich ist dieser Ausblick für die Seele als Lehre über die karmischen Ergebnisse ihrer Handlungen in der Vergangenheit von Wert. Er bietet ihr eine Gelegenheit, aus der sie je nach der bereits von ihr erreichten Entwicklungsstufe mehr oder weniger Nutzen zu ziehen vermag.

Zuerst ist diese Nutzanwendung gering, denn ihr Bewusstsein ist noch sehr schwach und nur wenig fähig, die Tatsachen und ihre vielfältigen Wechselbeziehungen zu verstehen. Aber allmählich wächst ihre Fähigkeit, das, was sie sieht, auch richtig zu würdigen, und noch später wird sie fähig, sich auch an solche kurzen Lichtblicke am Ende vergangener Leben zu erinnern, sie zu vergleichen und so den Fortschritt abzuschätzen, den sie auf dem Weg gemacht hat, den sie durchschreiten muss.

Die dritte Unterebene – der fünfte Himmel

Die niedrigste der Arupa-Unterebenen ist zugleich der bei weitem bevölkertste aller Bereiche, die uns bekannt sind, denn hier sind fast die ganzen sechzig Milliarden Seelen gegenwärtig, von denen es heißt, dass sie an der gegenwärtigen menschlichen Evolution teilnehmen – nämlich alle mit Ausnahme der verhältnismäßig kleinen Zahl derer, die fähig sind, auf der ersten und zweiten Unterebene zu leben. Jede Seele ist durch eine eiförmige Gestalt dargestellt, die zuerst nur ein farbloser und fast unsichtbarer Schleier von zartester Konsistenz ist. Aber im Laufe der Entwicklung des Egos fängt dieser Körper an, ein schimmerndes Schillern gleich einer Seifenblase zu zeigen, wobei über seine Oberfläche Farben spielen, die den wechselnden Tönungen, die der Sonnenschein auf dem sprühenden Staub eines Wasserfalles hervorruft, gleichen.

Aus unfassbar feiner, zarter und äthergleicher Materie bestehend, wird dieser von intensivem Leben erfüllte und mit lebendigem Feuer pulsierende Körper in dem Maß, in dem seine Entwicklung voranschreitet, zu einer strahlenden Kugel aus blitzenden Farben, deren hochgradige Schwingungen Wellen wechselnder Farbtöne über seine ganze Oberfläche senden – Tönungen, wie sie die Erde nicht kennt, strahlend, sanft und leuchtend, dass die Sprache sie nicht zu beschreiben vermag. Man stelle sich die Farben eines Sonnenunterganges in Ägypten vor, verbinde sie mit der wunderbaren Weiche eines Abendhimmels in England und hebe diesen vor Erhabenheit leuchtenden Glanz so empor, wie seine Farben über jenen des Malkastens eines Kindes stehen. Doch selbst dann kann sich niemand, der sie nicht selbst gesehen hat, die Schönheit dieser strahlenden sternartigen Gebilde vorstellen, die in den Bereich hellsichtiger Schau eintreten, sobald diese sich zur Ebene dieser himmlischen Welt erhebt.

Alle diese Kausalkörper sind von einem lebendigen Feuer erfüllt, das sie von einer höheren Ebene empfangen, mit der sie durch einen zuckenden Faden intensiven Lichtes verbunden zu sein scheinen, der die Worte der »Stanzen des Dzyan« aus der »Geheimlehre« in Erinnerung ruft: »Der Funke hängt von der Flamme an dem feinsten Faden von Fohat.« In dem Maße, in dem die Seele wächst und fähig wird, mehr und mehr aus diesem unerschöpflichen Meer des göttlichen Geistes in sich aufzunehmen, der sich durch diesen Faden wie durch einen Stromweg in sie ergießt, dehnt sich dieser aus, gibt dieser Flut mehr Raum, bis er auf der nächsthöheren Unterebene dem Bild einer Wasserhose gleichen mag, die Himmel und Erde verbindet, und noch höher einer großen Sphäre, durch die eine Quelle von Leben wogt, bis der Kausalkörper mit den Fluten des einströmenden Lichtes zu verschmelzen scheint. Auch dies sagt die Stanze: »Der Faden zwischen dem Wächter und seinem Schatten wird mit jeder Veränderung stärker und leuchtender. Das Licht der Morgensonne hat sich verwandelt in Mittagsherrlichkeit ... ›Dies ist dein gegenwärtiges Rad‹, sagte die Flamme zum Funken. ›Du bist ich selbst, mein Ebenbild und mein Schatten. Ich habe mich in dich gekleidet und du bist mein Gefäß bis zum Tage ›Sei mit uns‹, an dem du wieder ich und die anderen werden wirst, du selbst und ich.‹‹ (H. P. Blavatsky, »Die Geheimlehre«, Stanze 7)

Die Seelen, die mit einem physischen Körper verbunden sind, unterscheiden sich von jenen, die sich des körperlosen Zustandes erfreuen, durch einen Unterschied in der Art der an der Oberfläche ihrer kugelförmigen Gestalten erscheinenden Schwingungen, und es ist daher auf dieser Ebene leicht, mit einem Blick zu erkennen, ob ein Individuum zurzeit inkarniert ist oder nicht. Die große Mehrzahl der Seelen, ob inkarniert oder nicht, befindet sich nur in einem traumhaften Halbbewusstsein, wenn auch nur mehr wenige den Zustand bloß farbloser Schleier zeigen. Jene, die voll erwacht sind, bilden auffallende und leuchtende Ausnahmen, die sich aus der weniger strahlenden Menge wie Sterne erster Größe hervorheben, und zwischen diesen und den am wenigsten Entwickelten reihen sich die verschiedensten Grade von Größe, Schönheit und Farbe – genau die Entwicklungsstufe darstellend, die jeder erreicht hat.

Die Mehrzahl ist auch in dem Bewusstsein, das sie besitzt, noch nicht fest genug umrissen, um diesen Zweck der Gesetze der Entwicklung zu verstehen, in der sie sich befinden. Sie streben nach der Verkörperung, gehorsam dem Impuls des kosmischen Willens, aber auch dem blinden Durst nach manifestiertem Leben (Tanha) folgend, dem Verlangen, einen Bereich zu finden, in dem sie das Lebendigsein fühlen und sich seiner bewusst sein können. Auf den frühen Stufen können diese unentwickelten Seelen die außerordentlich schnellen und durchdringenden Schwingungen der äußerst feinen Materie ihrer eigenen Ebene nicht empfinden. Die starken und groben, aber verhältnismäßig langsamen Schwingungen der schwereren Materie der physischen Ebene sind die einzigen, die eine Reaktion bei ihnen erwecken können. So haben sie nur auf der physischen Ebene das Gefühl, überhaupt zu leben, und dies erklärt ihr starkes Verlangen nach Wiedergeburt ins Erdenleben. Einige Zeit hindurch stimmt daher ihr Verlangen genau mit dem Gesetz ihrer Entwicklung überein. Sie können sich nur durch diese Eindrücke von außen entwickeln, auf die sie allmählich zu antworten lernen, und auf dieser frühen Stufe können sie diese nur im irdischen Leben erhalten. Nach und nach wächst zuerst ihre Reaktionsfähigkeit auf die höheren und feineren physischen Schwingungen und noch später auf die der Astralebene. Dann werden ihre Astralkörper, die bis dahin nur als Brücken dienten, um der Seele Sinneswahrnehmungen zu übermitteln, zu brauchbaren Werkzeugen. Ihr Bewusstsein beginnt daraufhin, seinen Mittelpunkt mehr in ihren Gemütsbewegungen zu haben als in den rein physischen Sinneseindrücken.

Auf einer späteren Stufe, aber immer noch durch den gleichen Vorgang, auf Einflüsse von außen zu reagieren, lernen die Seelen, ihr Bewusstsein im Mentalkörper zu zentrieren, in und gemäß den Gedankenbildern zu leben, die sie für sich gestaltet haben, und so ihre Emotionen durch den Verstand zu beherrschen. Noch viel später auf diesem langen, langen Weg verlagert sich der Mittelpunkt in den Kausalkörper, und die Seelen werden sich ihres wahren Lebens bewusst. Wenn diese Zeit gekommen ist, sind sie auf einer höheren als der jetzt besprochenen Unterebene zu finden, und das niedere irdische Dasein ist für sie nicht mehr notwendig.

Augenblicklich aber haben wir die weniger entwickelte Mehrzahl im Auge, die noch ihre Persönlichkeit als tastende und schwankende Fühler in das Meer des Daseins hinausstrecken, die auf den niederen Ebenen des Lebens sie selbst sind, obgleich sie sich der Tatsache, dass diese Persönlichkeiten das Mittel sind, durch das ihnen Nahrung und Wachstum zuteil wird, noch in keiner Weise bewusst werden. Da sie auf ihrer eigenen Ebene noch unbewusst sind, sehen sie nichts von ihrer Vergangenheit und Zukunft. Aber in dem Maß, in dem sie langsam Erfahrungen sammeln und diese verarbeiten, wächst ein Gefühl in ihnen, dass es gewisse Dinge gibt, die zu tun gut ist, und andere, die zu tun schlecht ist, und das drückt sich in der mit ihnen verbundenen Persönlichkeit unvollkommen als Ansatz zu einem Gewissen aus, zu einem Gefühl von Recht und Unrecht. Allmählich nimmt dieses Empfinden im Laufe ihrer Entwicklung bestimmtere Gestalt in ihrer niederen Natur an und wird zu einem weniger unwirksamen Führer ihres Verhaltens.

Durch die Möglichkeiten, die ihnen das an früherer Stelle beschriebene Aufblitzen eines volleren Bewusstseins bietet, entwickeln sich die fortgeschrittensten Seelen auf dieser Unterebene bis zu einem Punkt, an dem sie beginnen, sich mit ihrer Vergangenheit zu beschäftigen, die Ursachen herauszufinden, die sie in Bewegung gesetzt haben, und sie lernen viel durch diese Rückschau. Die Impulse, die sie abwärts senden, werden dadurch klarer und bestimmter und übertragen sich in ihr niederes Bewusstsein als feste Überzeugungen und zwingende Intuitionen.

Es ist wohl kaum nötig zu wiederholen, dass die Gedankenbilder der Rupa-Ebenen nicht in die höhere Himmelswelt hinübergenommen werden. Alle Illusionen sind nun vorbei, und jede Seele erkennt ihre wahren Geistesverwandten. Sie sieht sie und wird von ihnen gesehen in ihrer eigenen königlichen Natur, als der wahre, unsterbliche Mensch, der von Leben zu Leben weiterschreitet, wobei alle Bindungen, die mit seinem wahren Sein verknüpft sind, unversehrt bleiben.

Die zweite Unterebene – der sechste Himmel

Von der dicht bevölkerten Region, die wir eben betrachtet haben, gehen wir nun zu einer dünner bevölkerten Welt über, so etwa, als wenn wir uns aus einer großen Stadt in eine friedliche Landschaft hinaus begeben würden, denn auf der gegenwärtigen Stufe der menschlichen Entwicklung hat sich bisher nur eine kleine Minderzahl bis hinauf zu dieser erhabeneren Ebene erhoben, auf der selbst der am wenigsten Fortgeschrittene ein ausgeprägtes Selbstbewusstsein hat und sich auch seiner Umgebung bewusst ist. Da sie zumindest bis zu einem gewissen Grade imstande ist, die Vergangenheit zu überblicken, aus der sie kam, ist sich die Seele auf dieser Ebene des Zweckes und der Methode der Evolution bewusst. Sie weiß, dass sie an ihrer Selbstentfaltung zu arbeiten hat und kennt die Stufen des physischen Lebens und der Zustände nach dem Tode, die sie in ihren niedrigeren Körpern durchschreiten muss. Sie erkennt, dass die Persönlichkeit, mit der sie verbunden ist, ein Teil ihrer selbst ist, und sie versucht, sie zu lenken. Sie benützt dabei ihr Wissen um die Vergangenheit als einen Erfahrungsschatz und formt daraus Verhaltensgrundsätze, klare und unveränderliche Überzeugungen über Recht und Unrecht. Diese sendet sie in den niederen Verstand hinab und überwacht und leitet dessen Tätigkeit. In der anfänglichen Zeit ihres Lebens auf dieser Unterebene gelingt es ihr zwar meistens nicht, den niederen Verstand dazu zu bringen, die Grundlagen der Prinzipien, die sie ihm einprägt, logisch zu verstehen, aber es gelingt ihr immerhin, ihn in dieser Hinsicht zu beeindrucken. Abstrakte Vorstellungen, wie Wahrheit, Gerechtigkeit und Ehre, werden so zu unbestrittenen und herrschenden Begriffen in seinem niedermentalen Leben.

Es gibt Verhaltensregeln, die durch soziale, nationale oder religiöse Sanktionen erzwungen werden und nach denen der Mensch sein tägliches Leben einrichtet, die aber unter dem Ansturm einer Versuchung oder durch das Aufflammen einer übermächtigen Leidenschaft oder eines Begehrens hinweggefegt werden können. Zudem gibt es bestimmte Dinge, die ein entwickelter Menschen einfach nicht tun kann – Dinge, gegen die seine innerste Natur sich aufbäumt. Er kann nicht lügen, betrügen oder eine unehrenhafte Handlung begehen. Bestimmte Grundsätze sind so stark in die innerste Struktur seines Wesens verwoben, dass es für ihn unmöglich ist, ihnen entgegenzuhandeln, einerlei wie groß der Drang der Umstände oder der Versuchung auch sein mag, denn diese Dinge gehören dem Leben seiner Seele an. Während es ihr auf diese Weise also gelingt, ihr niedrigeres Werkzeug zu leiten, ist ihre Kenntnis von demselben und von dessen Tun jedoch meist noch weit entfernt davon, genau und klar umrissen zu sein. Die Seele sieht die niedrigeren Ebenen nur undeutlich und versteht mehr ihre allgemeinen Grundgesetze als ihre Einzelheiten, und es bildet einen Teil ihrer Entwicklung auf dieser Ebene, eine immer bewusstere Verbindung mit der Persönlichkeit zu erlangen, die sie hier unten nur so unvollständig vertritt.

Man wird nach dem Gesagten verstehen, dass auf dieser Ebene nur solche Seelen leben, die vorbedacht nach geistigem Wachstum streben und daher sehr empfänglich für Einflüsse aus den darüberliegenden Ebenen geworden sind. Ihr Verbindungsweg wächst und erweitert sich, und eine immer vollere Flut strömt hindurch. Ihr Denken wird unter diesem Einfluss selbst bei den weniger Entwickelten einmalig klar und durchdringend, und dies bewirkt in ihrem niederen Verstand eine Neigung zu philosophischem und abstraktem Denken. Bei den höher Entwickelten entfaltet sich eine weitreichende Schau – sie umfasst mit klarer Einsicht die ganze Vergangenheit, sie erkennt die Ursachen, die gesetzt wurden, und ihre Auswirkungen, und sie sieht auch, was sich von ihren Wirkungen noch nicht erschöpft hat.

Die Seelen, die auf dieser Ebene leben, haben, wenn sie vom physischen Körper befreit sind, reiche Gelegenheit zum Wachstum; denn sie können hier Unterweisungen von weiter fortgeschrittenen Wesen empfangen und in direkten Kontakt mit ihren Lehrern kommen. Nicht mehr bloß durch Gedankenbilder, sondern einem blitzenden Leuchten gleich, das unbeschreibbar ist, blitzt das Wesen eines Begriffes von einer Seele der anderen zu, und dessen Wechselbeziehungen erscheinen als Lichtwellen, die von dem zentralen Stern ausstrahlen und keiner besonderen Formulierung bedürfen. Ein Gedanke ist wie ein Licht, das man in einen Raum stellt; es beleuchtet alle Dinge rundherum und bedarf keiner Worte, um sie zu beschreiben.

Die erste Unterebene – der siebte Himmel

Diese herrlichste Ebene der mentalen Welt hat nur wenige aus unserer Menschheit stammende Bewohner, denn auf ihren Höhen weilen nur die Meister der Weisheit und des Mitleids und ihre eingeweihten Schüler. Über die Schönheit der Formen, Farben und Töne, die hier herrscht, können keine Worte etwas aussagen, denn die irdische Sprache hat keine Ausdrücke, die diese strahlende Herrlichkeit beschreiben könnten. Es genügt, dass es sie gibt und einige aus unserer Menschheit in sie gekleidet sind, als Verheißung und Vorboten dessen, was andere sein werden, als Frucht von Saaten, die auf niedrigeren Ebenen gesät wurden. Sie haben die mentale Entwicklung vollendet, so dass bei ihnen das Höhere stets durch das Niedere hindurchleuchtet. Von ihren Augen ist der täuschende Schleier der Persönlichkeit genommen worden, und sie wissen und sind dessen gewahr, dass sie nicht die niedere Natur sind, sondern diese nur als Werkzeug der Erfahrung benützen. Bei den weniger Entwickelten unter ihnen mag dieses Werkzeug noch Kraft besitzen, um sie zu hindern und zu hemmen. Aber sie können nicht mehr in den Irrtum verfallen, das Werkzeug mit dem Selbst zu verwechseln, das dahinter steht. Davon sind sie befreit, da sie ihr Bewusstsein ungebrochen bewahren können, nicht nur von einem Tag zum anderen, sondern von einem Leben zum nächsten, so dass sie auf die vergangenen Leben nicht eigentlich zurückblicken. Diese Leben sind ihnen vielmehr immer gegenwärtig, und sie empfinden sie mehr als ein einziges zusammenhängendes Leben denn als viele einzelne.

Auf dieser Höhe ist sich die Seele der niederen Himmelswelt ebenso bewusst wie ihrer eigenen, und wenn sie dort als Gedankenform im Himmelsleben von Freunden Manifestationsmöglichkeiten besitzt, kann sie von ihnen vollsten Gebrauch machen. Auf der dritten Unterebene und auch noch im niedrigeren Teil der zweiten war die Seele sich der unter ihr liegenden Unterebenen nur undeutlich bewusst, und ihr Wirken in den Gedankenformen erfolgte größtenteils instinktiv und automatisch. Aber sobald sie auf der zweiten Unterebene richtig Fuß gefasst hatte, wurde ihre Schau sehr schnell klarer, und sie erkannte mit Freude, dass diese Gedankenformen Mittel waren, durch die sie in gewisser Weise mehr von sich zum Ausdruck bringen konnte, als dies durch ihre Persönlichkeit möglich gewesen war.

Jetzt, da sie inmitten des großartigen Lichtes und Glanzes in ihrem Kausalkörper wirkt, ist das Bewusstsein der Seele augenblicklich und vollkommen an jedem Punkt der niederen Abteilungen aktiv, auf den sie es willentlich richtet, und sie kann daher vorbedacht zusätzliche Kraft in eine solche Gedankenform einströmen lassen, wenn sie diese zu benützen wünscht, um zu lehren.

Von dieser höchsten Ebene der Mentalebene kommt der größte Teil der Einflüsse, welche die Meister der Weisheit bei ihrer Arbeit für die Evolution der Menschheit ausströmen lassen. Sie wirken direkt auf die Seele der Menschen ein und gießen inspirierende Energien auf sie aus, die ihr spirituelles Wachstum stimulieren, den Intellekt erleuchten und das Gefühlsleben reinigen. Aus dieser Sphäre empfängt das Genie seine Erleuchtung, und alles Emporstreben findet hier seine Führung. Wie die Sonnenstrahlen sich von einem Mittelpunkt aus nach allen Richtungen verbreiten und jeder Körper, der sie empfängt, sie seiner Natur nach verwendet, so strahlt von den älteren Brüdern der Menschheit auf alle Seelen jenes Licht und Leben aus, das zu verbreiten ihre Aufgabe ist. Eine jede verwertet so viel davon, als sie aufzunehmen vermag. Dadurch wächst sie und entfaltet sich. So besteht, wie auch sonst überall, die höchste Seligkeit dieser himmlischen Welt in der Seligkeit des Dienens, und jene, die ihre mentale Evolution vollendet haben, bilden die Quellen, aus denen denjenigen die nötige Kraft zufließt, die sich noch auf dem Aufstieg befinden.

III. Die nicht-menschlichen Bewohner

Wenn wir versuchen, die nicht-menschlichen Bewohner der Mentalebene zu beschreiben, sehen wir uns sofort fast unüberwindlichen Schwierigkeiten gegenüber, denn im siebten Himmel kommen wir zum ersten Mal mit einer Ebene in Berührung, die eine kosmische Ausdehnung aufweist und auf der daher Wesenheiten angetroffen werden können, für deren Beschreibung die menschliche Sprache keine Worte hat. Für den Zweck dieses Buches wird es daher am besten sein, jene unzähligen Scharen von Wesenheiten, deren Lebensbereich kosmisch ist, ganz außer Acht zu lassen und unsere Beschreibung auf jene Bewohner zu beschränken, die für die Mentalebene unserer eigenen Weltenkette kennzeichnend sind. Man wird sich daran erinnern, dass wir im Buch über die „Astralwelt" die gleiche Methode angewandt und keinen Versuch gemacht haben, die Besucher von anderen Planeten und Systemen zu beschreiben. Obwohl solche Besucher, die dort nur gelegentlich auftreten, hier sehr viel häufiger erscheinen, ist es in diesem Fall das Beste, an der gleichen Regel festzuhalten. Einige Worte über die Elementalessenz und über jene Abteilungen der großen Deva-Reiche zu sagen, die besonders mit dieser Ebene im Zusammenhang stehen, wird daher alles sein, was hier nützlicherweise gegeben werden kann. Die außerordentlich große Schwierigkeit, selbst diese verhältnismäßig einfachen Dinge darzustellen, wird deutlich zeigen, wie unmöglich es wäre, sich mit anderen zu beschäftigen, die notwendigerweise noch viel komplizierter sind.

Die Elementalessenz

Man wird sich erinnern, dass in einem der Briefe, die von einem der Meister empfangen wurden, die Bemerkung stand, dass nur ein Eingeweihter die Zustände des ersten und zweiten Elementalreiches zu verstehen vermöge – eine Bemerkung, die zeigt, wie unvollkommen der Erfolg jedes Bemühens sein muss, sie hier unten auf der physischen Ebene zu beschreiben. Es wird gut sein, wenn wir uns zu allererst bemühen, uns eine klare Vorstellung davon zu machen, was die Elementalessenz überhaupt ist, denn dies ist ein Punkt, über den selbst bei solchen, die gründliche Studien in der theosophischen Literatur gemacht haben, oft viel Verwirrung zu herrschen scheint.

Was ist sie?

Elementalessenz ist nur der Name, mit dem während bestimmter früher Entwicklungsstadien die monadische Essenz bezeichnet wird, und diese wiederum kann als die Ausgießung des göttlichen Lebens aus dem Zweiten Logos in die Materie definiert werden. Es ist uns wohl bekannt, dass diese Ausgießung, ehe sie die Stufe der Individualisierung erreicht, auf welcher sie den Kausalkörper des Menschen bildet, nacheinander durch niedrigere Phasen der Evolution hindurchgegangen ist und diese beseelt hat – das Tier-, Pflanzen- und Mineralreich sowie die drei Elementalreiche. Während des Wirkens auf den betreffenden Stufen ist sie manchmal auch die tierische, pflanzliche oder mineralische

Monade genannt worden, obwohl dieser Ausdruck ausgesprochen irreführend ist, denn schon lange, ehe sie zu einem dieser Reiche gelangt ist, ist sie aus einer zu vielen Monaden geworden. Diese Bezeichnung wurde aber gebraucht, um die Vorstellung zu vermitteln, dass die Differenzierung der monadischen Essenz, wenn sie auch schon viel früher begann, doch noch nicht bis zum Punkt der Individualisierung fortgeschritten ist. Während diese monadische Essenz jedoch in den drei großen Elementalreichen wirkt, wird sie mit dem Namen »Elementalessenz« bezeichnet.

Das Einhüllen des Geistes

Ehe jedoch die Natur der monadischen Essenz und die Art ihrer Manifestation auf den verschiedenen Ebenen verstanden werden kann, muss man sich über die Methode klar werden, nach der sich der Geist bei seinem Herabsteigen in die Materie entfaltet. Wir befassen uns dabei nicht mit der uranfänglichen Entstehung der Materie der verschiedenen Ebenen, sondern nur mit dem Herabwogen einer neuen Evolutionswelle in schon vorhandene Materie.

Vor der Periode, die wir jetzt besprechen, hat diese Lebenswoge schon zahllose Zeitalter damit verbracht, sich auf eine gewisse Art, von der wir sehr wenig verstehen können, der Reihe nach durch Umhüllungen von Atomen, Molekülen und Zellen zu entwickeln. Wir wollen aber diesen ganzen früheren Teil ihrer Geschichte augenblicklich nicht berühren und nur ihren Herabstieg in die Materie solcher Ebenen betrachten, die dem Fassungsvermögen des menschlichen Intellektes näherstehen, wenn sie auch noch sehr weit über unserer physischen Ebene liegen.

Wir müssen uns also als Erstes merken, dass der auf irgendeiner Ebene (gleichgültig welcher) ruhende Geist, wenn er auf seinem Weg abwärts in die Materie durch die unwiderstehliche Kraft seiner eigenen Evolution angetrieben wird, in die nächstniedrigere Ebene hinabzusteigen, sich zumindest in atomische Materie dieser niederen Ebene einhüllen muss, um sich dort ausdrücken zu können. Er muss einen Schleier aus dieser Materie als Körper rund um sich ziehen, für den er dann als Seele oder belebende Kraft wirkt. Ebenso muss er, wenn er seinen Abstieg in eine dritte Ebene fortsetzt, etwas von der Materie dieser dritten Ebene an sich ziehen, und wir haben dann eine Wesenheit, deren Körper oder äußere Umhüllung aus atomischer Materie dieser dritten Ebene besteht.

Aber die in dieser Wesenheit wirkende Kraft – ihre Seele sozusagen – ist dann nicht der Geist in dem Zustand, in dem wir ihn zuerst auf der höheren Ebene antrafen, sondern dieser Geist zuzüglich des Schleiers aus atomischer Materie der zweiten Ebene, durch die er hindurchgegangen ist. Wenn ein noch weiterer Abstieg in eine vierte Ebene durchgeführt wird, dann wird diese Wesenheit noch komplexer; denn sie hat dann einen Körper aus Materie dieser vierten Ebene, der von dem schon zweifach – nämlich durch atomische Materie der zweiten und dritten Ebene – umhüllten Geist beseelt wird. Man kann daraus ersehen, dass die ursprüngliche Kraft, da sich dieser Vorgang auf jeder Ebene des Sonnensystems wiederholt, zu der Zeit, da sie unsere physische Ebene erreicht, so dicht verschleiert ist, dass man sich nicht wundern darf, wenn die Menschen sie oft überhaupt nicht mehr als Geist zu erkennen vermögen.

Nehmen wir zum Beispiel an, ein ungeschulter Hellseher versuchte, die mineralische Monade, die Lebenskraft im Mineralreich, zu untersuchen. Die Sicht eines solchen würde sicher auf die Astralebene beschränkt und selbst auf dieser äußerst unvollkommen sein; daher würde ihm diese Kraft nur als eine astrale erscheinen. Ein geschulter Forscher, der höhere Fähigkeiten zur Verfügung hat, würde aber erkennen, dass das, was der Hellseher für eine astrale Kraft gehalten hatte, nur astrale Materie war, die von einer Kraft in Bewegung gesetzt wurde, die von dem atomaren Teil der Mentalebene her ihren Impuls erhielt. Ein noch weiter fortgeschrittener Forscher aber würde erkennen, dass diese atomische Mentalmaterie ihrerseits wieder nur eine Hülle war, durch die etwas aus der höchsten buddhischen Unterebene wirkte; während ein Adept wahrnehmen würde, dass die buddhische Materie nur als Hülle für die nirvanische dient und die Kraft, die der Reihe nach in alle diese Schleier eintrat und in ihnen wirkte, in Wirklichkeit überhaupt nicht von dieser kosmisch-prakritischen Ebene, sondern von außerhalb stammt und einfach eine der Manifestationen der göttlichen Kraft ist.

Die Elementalreiche

Die Elementalessenz, die wir auf der Mentalebene finden, bildet das erste und zweite der großen Elementalreiche. Eine Woge göttlichen Lebens, die in einem vorhergegangenen Äon ihre Abwärtsentwicklung durch die buddhische Ebene beendet hat, ergießt sich in den siebten Himmel, beseelt große Massen atomischer Mentalmaterie und wird so zur Elementalessenz des ersten großen Reiches. In ihrem einfachsten Zustand verbindet sie nicht Atome zu Molekülen, um sich daraus einen Körper zu bilden, sondern übt nur durch ihre Anziehung eine gewaltige komprimierende Kraft auf sie aus. Wir können uns vorstellen, dass dieser Kraft, wenn sie bei ihrem Abstieg zum ersten Mal diese Ebene berührt, die Schwingungen derselben völlig ungewohnt sind und sie daher am Anfang nicht auf sie zu reagieren vermag. Während des Äons, das sie auf dieser Ebene verbringt, wird ihre Entwicklung darin bestehen, sich daran zu gewöhnen, in allen hier möglichen Schwingungsarten zu vibrieren, so dass sie zu jeder Zeit jede Verbindung von Materie dieser Ebene beseelen und benützen kann. Während dieser langen Entwicklungsperiode wird sie alle möglichen Kombinationen von Materie der drei Arupa-Stufen an sich gezogen haben, aber am Ende der Zeit kehrt sie zur atomischen Ebene zurück – natürlich nicht so, wie sie vorher war, sondern alle Kräfte, die sie erworben hat, latent in sich tragend.

Im darauffolgenden Äon ergießt sie sich hinab in die vierte Unterebene der Mentalwelt – das heißt also, in die höchste der Rupa-Stufen – und zieht etwas von der Materie dieser Unterabteilung als Körper an sich. Sie ist dann die Elementalessenz des zweiten Reiches in ihrem einfachsten Zustand; aber, wie schon zuvor, nimmt sie auch hier im Laufe ihrer Entwicklung viele verschiedene Umhüllungen an, die aus allen möglichen Verbindungen der niedrigeren Unterebenen bestehen.

Es wäre natürlich anzunehmen, dass diese Elementalreiche, die auf der Mentalebene bestehen und wirken, da sie so viel höher liegen, in der Entwicklung weiter fortgeschritten seien als das dritte Reich, das ausschließlich der Astralebene angehört. Es verhält sich aber nicht so; denn man darf nicht vergessen, dass, wenn man über diese Phase der Evolution spricht, das Wort »höher« nicht, wie gewöhnlich, fortgeschrittener bedeutet, sondern weniger fortgeschritten, da wir es hier mit der monadischen Essenz auf dem absteigenden Bogen ihres Kreislaufs zu tun haben und Fortschritt daher für die Elementalessenz Abstieg in die Materie bedeutet und nicht, wie für uns, Aufstieg in höhere Ebenen. Wenn der Forscher sich dies nicht ständig klar vor Augen hält, wird er immer wieder auf verwirrende Anomalien stoßen, und seinem Blick für diese Seite der Entwicklung wird ein umfassendes Verständnis fehlen.

Die allgemeinen Merkmale wurden ziemlich ausführlich im Buch über die „Astralwelt" dargestellt, und alles, was dort über die Zahl der Unterabteilungen der Reiche und ihre wunderbare Beeindruckbarkeit durch das menschliche Denken gesagt wurde, gilt in gleicher Weise auch für diese himmlischen Arten. Einige Worte sind vielleicht hinzuzufügen, wie die sieben horizontalen

Unterabteilungen jedes Reiches in Beziehung zu den verschiedenen Teilen der Mentalebene angeordnet sind. Im Falle des ersten Elementalreiches entspricht dessen höchste Unterabteilung der ersten Unterebene, während die zweite und dritte Unterebene in je drei Teile geteilt ist, von denen jeder je einer Unterabteilung des ersten Elementalreiches als Lebensbereich dient. Das zweite Reich verteilt sich über die niedere Himmelswelt; seine höchste Unterabteilung entspricht der vierten Unterebene, während die fünfte, sechste und siebte Unterebene in je zwei Teile geteilt ist, um die Übrigen aufzunehmen.

Wie die Essenz sich entwickelt

Es ist schon in den früheren Kapiteln so viel über die Wirkung der Gedanken auf die mentale Elementalessenz geschrieben worden, dass es nicht nötig sein wird, diesen Teil des Gegenstandes hier noch einmal zu berühren. Aber wir müssen beachten, dass die Essenz hier, soweit dies überhaupt möglich ist, noch unmittelbarer für die Gedankentätigkeit empfänglich ist als auf der Astralebene. Die wunderbare Feinheit, mit der sie auf die leiseste Regung des Denkens reagiert, ist den Forschern immer wieder aufgefallen. Wir werden diese Fähigkeit besser verstehen, wenn wir uns klar machen, dass eben in diesem Reagieren das eigentliche Leben der Essenz liegt und ihr Fortschritt sehr durch den Gebrauch gefördert wird, der von ihr durch die Denkvorgänge jener entwickelteren Wesen gemacht wird, an deren Entwicklung sie Anteil hat.

Wenn man sich diese Essenz für einen Augenblick frei vom Einfluss jeglicher Gedankentätigkeit vorstellen könnte, so würde sie nur als eine Ansammlung kleinster tanzender Atome erscheinen, zwar von wunderbar intensivem Leben durchdrungen, aber wahrscheinlich mit nur wenig Fortschritten auf ihrem absteigenden Weg der Involution in die Materie. Wenn sie aber von Gedanken ergriffen und zur Aktivität gebracht wird, wenn sie auf den Rupa-Stufen in die verschiedensten lieblichen Formen, auf den Arupa-Stufen zu blitzartigen leuchtenden Strömen gestaltet wird, dann empfängt sie einen deutlichen zusätzlichen Impuls, der ihr, wenn er oft wiederholt wird, auf ihrem Weg weiterhilft. Wann immer von diesen höheren Ebenen aus ein Gedanke auf irdische Angelegenheiten gerichtet wird, schwingt er naturgemäß abwärts und nimmt Materie der niedrigeren Ebenen an sich. Dadurch bringt er die Elementalessenz in Berührung mit dieser Materie und gewöhnt sie allmählich daran, auf niedrigere Schwingungen zu reagieren; das aber unterstützt ihre Entwicklung abwärts in die Materie beträchtlich.

Sehr auffallend wird die Elementalessenz auch durch Musik beeinflusst – durch die wunderbaren Ströme herrlicher Töne, die, wie wir schon früher erwähnten, auf diesen erhabenen Ebenen von den großen Meistern der Melodie ausgeströmt werden, die dort in viel vollkommenerer Weise jene Arbeit fortsetzen, die sie hier, auf dieser trüben Erde, nur begannen.

Noch eines sollten wir beachten, nämlich den ungeheuren Unterschied zwischen der Größe und Kraft des Denkens auf dieser Ebene und der verhältnismäßigen Schwäche jener Bemühungen, die wir hier unten mit diesem Namen auszeichnen. Unser gewöhnliches Denken nimmt im Verstandeskörper auf der niederen Mentalebene seinen Anfang und umkleidet sich beim Herabsteigen mit der dazu passenden astralen Elementalessenz. Wenn ein Mensch aber so weit fortgeschritten ist, dass sein Bewusstsein in seinem wahren Selbst in der höheren Himmelswelt aktiv ist, dann nimmt sein Denken dort seinen Anfang, es kleidet sich zuerst in die Elementalessenz der niedrigeren Stufen der Mentalebene und ist daher unendlich feiner, durchdringender und in jeder Beziehung wirksamer. Ist das Denken ausschließlich auf höhere Dinge gerichtet, dann können seine Schwingungen zu fein sein, um überhaupt auf der Astralebene Ausdruck zu finden.

Wenn sie aber diese niedrigere Materie beeinflussen, dann werden sie dies mit viel weiter reichender Wirkung tun als jene Gedanken, die in größerer Nähe zu dieser Ebene erzeugt wurden.

Wenn man diesen Gedanken noch eine Stufe weiter verfolgt, dann sieht man, dass der Gedanke eines Eingeweihten auf der buddhischen Ebene seinen Anfang nimmt, weit über der Mentalebene, wo er sich die Elementalessenz der höchsten Himmel zum Gewand nimmt, während der Gedanke eines Adepten aus Nirvana selbst herabströmt, und zwar mit der ungeheuren, unabschätzbaren Kraft der Regionen, die jenseits der Reichweite der gewöhnlichen Menschheit liegen. Je höher unser Wahrnehmungsvermögen steigt, desto weitere und weitere Gebiete nützlicher Arbeit für unsere wachsenden Fähigkeiten sehen wir vor uns, und wir werden gewahr, wie richtig der Ausspruch ist, dass die Arbeit eines Tages in Bereichen dieser Art sehr wohl die Wirksamkeit jahrtausendelangen Mühens auf der physischen Ebene zu übersteigen vermag.

Das Tierreich

Das Tierreich ist auf der Mentalebene durch zwei Hauptabteilungen vertreten. In der niederen Himmelswelt finden wir die Gruppenseelen, an die der bei weitem größte Teil der Tiere angeschlossen ist, und auf der dritten Unterebene die Kausalkörper der verhältnismäßig wenigen Angehörigen dieses Reiches, die schon individualisiert sind. Diese letzteren sind jedoch, genau genommen, keine Tiere mehr; sie sind die einzigen Beispiele von ganz primitiven Kausalkörpern, die man heute noch sehen kann, von unentwickelter Größe und nur sehr schwach gefärbt von den ersten Schwingungen neu erworbener Eigenschaften.

Nach dem Tod auf der physischen und astralen Ebene hat das individualisierte Tier ein sehr langes, wenn auch oft etwas traumhaftes Leben in der niederen Himmelswelt. Sein Zustand ist während dieser Zeit dem der Menschenwesen in der gleichen Region ähnlich, wenn auch von weit geringerer mentaler Aktivität. Das Tier ist, wenn es derselben auch nur traumhaft bewusst ist, von seinen eigenen Gedankenformen umgeben, und diese schließen sicher die Gestalten seiner Freunde auf Erden ein, und zwar in ihren besten und mitfühlendsten Stimmungen. Da eine Liebe, die stark und selbstlos genug ist, um ein solches Bild zu gestalten, auch stark genug sein muss, um die Seele des Wesens zu erreichen, auf das sie sich richtet, und ihr eine Antwort zu entlocken, können selbst diese Tiere, die wir mit unserer Liebe und Güte umgaben, zum Dank dafür auch ihren kleinen Beitrag zu unserer Entwicklung leisten.

Wenn das individualisierte Tier sich in seinen Kausalkörper zurückzieht, um auf jene Drehung des Rades der Entwicklung zu warten, die ihm die Gelegenheit zu einer ersten primitiven menschlichen Verkörperung geben soll, scheint es fast alles Bewusstsein von äußeren Dingen zu verlieren und die Zeit in einer Art seliger Trance und tiefsten Friedens und Zufriedenseins zu verbringen. Selbst darin findet sicher eine innere Entwicklung irgendwelcher Art statt, wenn wir ihre Natur auch schwer zu begreifen vermögen. Aber sicher ist zumindest, dass jedes Wesen, das mit der Himmelswelt in Berührung kommt, ob es gerade erst in die menschliche Entwicklung eintritt oder sich schon vorbereitet, über sie hinauszuschreiten, in ihr die höchste Seligkeit erlebt, die zu empfinden es auf seiner Stufe fähig ist.

Die Devas oder Engel

Über diese wunderbaren und erhabenen Wesen kann nur wenig in menschlicher Sprache ausgedrückt werden. Wir wollen uns hier nur mit dem befassen, was über die beiden großen Abteilungen dieses Reiches, welche die Mentalebene bewohnen, gesagt werden kann. Jede dieser beiden Abteilungen umfasst viele verschiedene Klassen, aber ihr Leben ist in jeder Hinsicht von unserem so weit entfernt, dass es unnütz sein würde, sich zu bemühen, mehr als eine ganz allgemeine Vorstellung davon zu vermitteln. Ich glaube, dass ich den Eindruck, den diese Wesen auf einen Forscher machten, nicht besser wiedergeben kann als dadurch, dass ich wörtlich wiederhole, was einer von ihnen zur Zeit seiner Forschungen aussprach: »Ich empfange den Eindruck eines über alle Beschreibungen erhabenen Bewusstseins – eines über alle Begriffe herrlichen, aber doch fremden und andersartigen Bewusstseins – so gänzlich verschieden von allem, was ich jemals zuvor empfunden habe, so unähnlich jeder möglichen Art menschlichen Erlebens, dass es absolut hoffnungslos ist zu versuchen, es in Worte zu fassen.«

Ebenso hoffnungslos ist es, hier auf der physischen Ebene irgendeine Beschreibung des Aussehens dieser mächtigen Wesen zu geben, denn dieses ändert sich mit jeder Gedankenrichtung, der sie folgen. Etwas früher in diesem Abschnitt haben wir schon die Großartigkeit und wunderbare Ausdruckskraft ihrer Farbensprache erwähnt, und aus einigen kurzen Andeutungen wird man auch schon entnommen haben, dass es unter bestimmten Umständen für menschliche Bewohner dieser Ebene möglich ist, viel von den Devas zu lernen. Man wird sich vielleicht erinnern, wie einer von ihnen die Gestalt der Hl. Cäcilie im Himmelsleben eines jungen Chorsängers beseelte und ihn in einer Musik unterrichtete, die weitaus großartiger war als irgendetwas, das jemals von irdischen Ohren vernommen wurde; und wie in einem anderen Fall Devas, die mit der Lenkung bestimmter planetarischer Einflüsse in Verbindung standen, einen Astronomen in seiner Entwicklung förderten.

Ihre Beziehung zu den Naturgeistern (über diese vergleiche den Abschnitt in der „Astralwelt") könnte ähnlich jener der Menschen zur Tierwelt beschrieben werden, wenn auch auf einer höheren Stufe. So, wie ein Tier die Individualisierung nur im Zusammenleben mit dem Menschen erlangen kann, kann ein Naturgeist, wie es scheint, normalerweise eine bleibende reinkarnierende Individualität nur dadurch erlangen, dass er sich in ähnlicher Weise an einzelne Devas bestimmter Ordnungen anschließt.

Im Übrigen kann nichts, was über diese große Entwicklungslinie der Engel gesagt wurde oder überhaupt gesagt werden kann, mehr als den Rand eines ungeheuren Themas streifen, und es muss jedem Leser überlassen bleiben, es selbst weiter zu erkunden, sobald er das Bewusstsein auf diesen höheren Ebenen entwickelt hat. Aber was wir darüber geschrieben haben, mag doch, so mangelhaft es ist und sein muss, dazu beitragen, dem Menschen eine schwache Vorstellung von der ungeheuren Zahl der Helfer zu geben, mit denen er im Laufe seines Fortschrittes in Berührung kommen wird. Jedes Streben, das seine vermehrten Fähigkeiten ihm bei seinem Aufstieg ermöglichen, wird durch die wohltätigen Einrichtungen, welche die Natur für ihn geschaffen hat, mehr als befriedigt werden.

IV. Künstliche Wesenheiten

Über diesen Teil unseres Gegenstandes braucht nur sehr wenig gesagt zu werden. Die Mentalwelt ist noch viel mehr als die Astralwelt mit künstlichen Elementalen bevölkert, die durch die Gedanken ihrer Bewohner in ein vorübergehendes Dasein gerufen worden sind. Wenn man bedenkt, wie viel großartiger und machtvoller das Denken auf dieser Ebene ist und seine Kräfte nicht nur von verkörperten und entkörperten Menschen ausgeübt werden, sondern auch von den Devas und von Besuchern aus noch höheren Ebenen, wird man sofort einsehen, dass die Bedeutung und der Einfluss dieser künstlichen Wesen kaum überschätzt werden kann. Es ist nicht nötig, hier noch einmal zu wiederholen, was schon über die Wirkung der menschlichen Gedanken und über die Notwendigkeit erklärt wurde, diese sorgfältig zu kontrollieren. Bei der Beschreibung der Gedankenwirkung auf den Rupa- und Arupa-Ebenen wurde genügend gesagt, um zu zeigen, wie ein künstliches Elemental der Mentalebene zum Entstehen gebracht wird. So kann eine allgemeine Vorstellung von der unendlichen Vielfalt der so erzeugten zeitweiligen Wesenheiten und der ungeheuren Wichtigkeit der Arbeit verdeutlicht werden, die ständig durch ihre Vermittlung geleistet wird. Diese Gedankenformen werden in großem Maße von den Adepten und ihren eingeweihten Schülern verwendet, und es braucht kaum gesagt zu werden, dass ein von so machtvollen Intellekten gebildetes Elemental ein Wesen mit unendlich viel längerem Dasein und verhältnismäßig größerer Kraft ist, als irgendeines von jenen, die bei der Behandlung der Astralwelt beschrieben wurden.

Schlusswort

Wenn wir auf das Geschriebene zurückblicken, überkommt uns vor allem ein beschämendes Gefühl, wie unzulänglich alle Versuche einer Beschreibung waren und wie hoffnungslos es ist, sich zu bemühen, die unaussprechlichen Herrlichkeiten der Himmelswelt jemals in Worte zu fassen. Aber so bedauerlich unvollkommen eine Schrift wie diese auch sein muss, so ist sie doch besser als nichts, und sie mag dazu dienen, dem Leser wenigstens eine schwache Ahnung davon zu geben, was ihn auf der anderen Seite des Grabes erwartet. Obgleich er, sobald er dieses helle Reich der Seligkeit erreicht, sicherlich viel mehr finden wird, als man ihn erwarten ließ, so hoffen wir doch, dass für ihn hinsichtlich keiner der Informationen, die ihm hier gegeben wurden, ein Umlernen nötig sein wird.

Der Mensch besitzt in seiner gegenwärtigen Konstitution noch zwei Prinzipien, die zu zwei Ebenen gehören, die noch höher sind als die Mentalebene, denn sein *Buddhi*-Prinzip repräsentiert ihn auf der Ebene, die wir eben aus diesem Grunde die *buddhische* nennen, und sein Atman (der göttliche Funken in ihm) auf jener dritten Ebene des Sonnensystems, die gewöhnlich die nirvanische genannt wird. Im Durchschnittsmenschen sind diese höchsten Prinzipien bis jetzt fast völlig unentwickelt, und jedenfalls sind die Ebenen, zu denen sie gehören, noch weit mehr jeder Möglichkeit einer Beschreibung entrückt als die mentale. Es muss genügen zu sagen, dass auf der buddhischen Ebene alle Begrenzungen wegzufallen beginnen und sich das Bewusstsein des Menschen erweitert, bis es, nicht mehr bloß in der Theorie, sondern durch eigene Erfahrung, dessen gewahr wird, dass das Bewusstsein seiner Mitmenschen in seinem eigenen miteingeschlossen ist. Er fühlt, erkennt und erlebt in vollem Mitempfinden alles, was in ihnen ist, denn all dies ist in Wahrheit ein Teil von ihm selbst.

Auf der nirvanischen Ebene bewegt er sich noch eine Stufe höher, und er wird dessen gewahr, dass ihr Bewusstsein und das seine in einem noch höheren Sinn eines sind, da sie alle in Wirklichkeit nur Facetten des unendlich größeren Bewusstseins des Logos sind, in dem alle leben, weben und ihr Dasein haben, so dass, wenn »der Tropfen Tau in das leuchtende Meer rinnt«, die Wirkung eher eine solche ist, als ob der Vorgang umgekehrt wäre und das Meer sich in den Tropfen ergösse, der nun zum ersten Mal dessen gewahr ist, dass er der Ozean ist – nicht ein Teil von ihm, sondern der ganze Ozean.

Das ist paradox, unbegreiflich und scheinbar unmöglich; aber es ist absolut wahr. Aber zumindest so viel können wir erfassen, dass der gesegnete Zustand von Nirvana nicht, wie manche unwissenderweise annehmen, der Zustand eines leeren Nichtseins ist, sondern der einer weit intensiveren, erfüllteren Aktivität. Je höher wir auf der Leiter der Natur emporsteigen, werden auch unsere Möglichkeiten größer, unser Wirken für andere machtvoller und weitreichender, wobei unbeschränkte Weisheit und Macht nur unbeschränkte Fähigkeit zum Dienen bedeuten, da sie von grenzenloser Liebe geleitet werden.

Charles W. Leadbeater
DIE ASTRALWELT
Das Leben im Jenseits

Charles W. Leadbeater hat wie kein anderer Geistesforscher die Astralwelt untersucht und jene Wesen beobachtet und charakterisiert, die jenes Reich bewohnen, in das jeder Mensch nach dem Ablegen seiner körperlichen Hülle als erstes eintritt. Er schildert in allen Einzelheiten die Aufbauten und die Beschaffenheit der astralen Reiche und macht so eine Welt transparent, die zu kennen für jeden Menschen von großer geistiger Bedeutung ist.

Leadbeater beschreibt nicht nur Wesen und Welten, sondern erklärt auch die Gesetzmäßigkeiten jener Sphäre, die nur eine „Stufe" über der Menschenwelt liegt. Dadurch wird beispielsweise deutlich, welche Prozesse Verstorbene unmittelbar nach ihrem Tod durchleben; es wird nachvollziehbar, wie Gefühle und Emotionen eine eigene Welt formen; und es wird verständlich, auf welche Weise jenseitige Wesen Kontakt zur Erdenwelt aufzunehmen vermögen, um Botschaften zu vermitteln. Damit wird erkennbar, auf welche Weise der Kontakt zwischen Diesseits und Jenseits funktioniert – oder aufgrund der geistigen Gesetze nicht funktionieren kann.

Der bis zum heutigen Tag noch immer beste „Reiseführer" durch die jenseitigen Welten! Eines der unsterblichen Meisterwerke des wohl bedeutendsten Hellsehers der Neuzeit!

C.W. Leadbeater
Die Astralwelt
Paperback, 130 Seiten, ISBN 978-3-89427-461-0